Manfred Cierpka

FAUSTLOS –
das Buch für Eltern und Erziehende

Manfred Cierpka

FAUSTLOS –
das Buch für Eltern und Erziehende

HERDER

FREIBURG · BASEL · WIEN

*Für Lukas und Arne,
von denen ich so viel gelernt habe*

Gedruckt auf umweltfreundlichem,
chlorfrei gebleichtem Papier

Alle Rechte vorbehalten – Printed in Germany
© Verlag Herder Freiburg im Breisgau 2005
www.herder.de
Satz: Dtp-Satzservice Peter Huber, Freiburg
Herstellung: fgb · freiburger graphische betriebe 2005
www.fgb.de
Die Fotos sind mit freundlicher Genehmigung des
Verlags Hogrefe, Göttingen, folgendem Werk entnommen:
Cierpka, M. [Hrsg.] (2001). *FAUSTLOS. Ein Curriculum
zur Prävention von aggressivem und gewaltbereitem Verhalten
bei Kindern der Klassen 1 bis 3.*
Göttingen: Hogrefe/Cierpka, M. & Schick, A. (2004).
*FAUSTLOS-Kindergarten. Ein Curriculum zur Förderung
sozial-emotionaler Kompetenzen und zur Gewaltprävention.*
Göttingen: Hogrefe.
ISBN 3-451-28557-6

Inhalt

Vorwort 9

Teil I
Grundlagen – was ist FAUSTLOS? 13

Kapitel 1
FAUSTLOS durch die Kindheit 14
Erklärungsmodelle für die Gewaltentstehung.
Gewaltprävention muss in der Kindheit beginnen!
Vorbeugen ist besser als nachsorgen

Kapitel 2
Sozial-emotionales Lernen 26
Ein Beispiel: Franziska und Daniel in der Bibliothek.
Sozial-emotionales Lernen als Gewaltprävention.
Die Bausteine des Curriculums FAUSTLOS

Teil II
Wie FAUSTLOS in Kindergärten und Schulen
unterrichtet wird 41

Kapitel 3
Das Curriculum FAUSTLOS 42
Vorteile vorbeugender Maßnahmen in Kindergärten
und Schulen. Der Aufbau von FAUSTLOS:
I. Empathie, II. Impulskontrolle, III. Umgang mit
Ärger und Wut. Wie wird FAUSTLOS unterrichtet?

Vorgehensweisen und Methoden. Wer unterrichtet
FAUSTLOS? Die Freude der Kinder, Erzieher und
Lehrer am Curriculum. Evaluationsergebnisse

Kapitel 4
Sich in andere einfühlen – die Empathie 61
Entwicklung von Empathie. Empathieförderung
mit FAUSTLOS. Das Erkennen unterschiedlicher
Gefühlszustände. Beispiellektion

Kapitel 5
Impulsivität, Impulskontrolle und Problemlösung 74
Das Fördern der Impulskontrolle mit FAUSTLOS.
Problemlösen, Lautes Denken und Handlungs-
alternativen. Beispiellektion

Kapitel 6
Umgang mit Ärger und Wut 88
Konstruktive und destruktive Aggression. Der Um-
gang mit Ärger und Wut im FAUSTLOS-Curriculum.
Beispiellektion. Elternbrief und Elternabend

Teil III
Kompetente Eltern mit FAUSTLOS
Wie können Eltern das sozial-emotionale Lernen
der Kinder unterstützen? 103

Kapitel 7
Wie können Sie die Empathie bei Ihrem Kind fördern? . 104
Einfühlsames Zuhören. Erkennen von Gefühlen.
Das Verwenden von „Ich-Botschaften" und
„Wenn-dann-Äußerungen"

Kapitel 8
Wie können Sie Ihrem Kind helfen Konflikte zu lösen? . 121
Das Fördern der Selbstreflexivität bei Konflikten.
Regeln und konstruktive Grenzsetzungen

Kapitel 9
Heftige Gefühle – Der Ton macht die Musik 135
Der Umgang mit heftigen Gefühlen in der Familie.
Wie kann FAUSTLOS helfen, den Umgang mit Ärger
und Wut in der Familie zu regulieren? Die Beruhigungs-
techniken von FAUSTLOS. Beispiel. Grenzen setzen.
Strafen. Vertiefte Elternarbeit

Kapitel 10
Was man noch über FAUSTLOS wissen sollte 152
Eltern und Lehrkräfte – ein gutes Team. Wie trägt
FAUSTLOS zur Kooperation zwischen Eltern und
Lehrkräften bei? Das Training der Erzieherinnen
bzw. Lehrerinnen. Wo können Sie sich über FAUST-
LOS informieren? Welches Vorgehen hat sich bei
der Einführung von FAUSTLOS bewährt?

Weiterführende Literatur 158

Literatur zu FAUSTLOS 159

Vorwort

In ihrer Rede zur Verleihung des Friedenspreises des Deutschen Buchhandels 1978 erzählt Astrid Lindgren eine bewegende Geschichte. Eine alte Dame hatte ihr berichtet, wie diese als junge Mutter noch an den Bibelspruch „Wer die Rute schont, verdirbt den Knaben" glaubte. Eines Tages hatte ihr kleiner Sohn etwas getan, wofür er ihrer Meinung nach eine Tracht Prügel verdient hatte, die erste in seinem Leben. Sie trug ihm auf, in den Garten zu gehen und selber nach einem Stock zu suchen, den er ihr dann bringen sollte. Der kleine Junge ging und blieb lange fort. Schließlich kam er weinend zurück und sagte: „Ich habe keinen Stock finden können, aber hier hast du einen Stein, den kannst du ja nach mir werfen." Da begann auch die Mutter zu weinen, denn plötzlich sah sie alles mit den Augen des Kindes. Das Kind musste gedacht haben: „Meine Mutter will mir wirklich weh tun, und das kann sie auch mit einem Stein." Sie nahm ihren kleinen Sohn in die Arme, und beide weinten eine Weile gemeinsam. Dann legte sie den Stein auf ein Bord in der Küche, und dort blieb er liegen als ständige Mahnung an das Versprechen, das sie sich in dieser Stunde selber gegeben hatte: „Niemals Gewalt!" Astrid Lindgren schließt ihre Rede mit der Empfehlung, dass wir alle vielleicht einen kleinen Stein auf unser Küchenbord legen sollten, der uns mahnt: „Niemals Gewalt!"

FAUSTLOS ist so ein kleiner Stein, der mithelfen kann, Gewalt erst gar nicht aufkommen zu lassen oder sie zumindest einzudämmen. Die Autoren und Autorinnen der amerikanischen Originalversion „Second Step" und die deutschen Wissenschaftler, die an diesem Programm seit vielen Jahren arbeiten, haben sich der Idee verschrieben, dass man der Gewalt vorbeugen kann. Die beste Form der Prävention ist das Investieren in die Kinder, die als nachfolgende Generation auf das Miteinander und den Frieden am meisten Einfluss nehmen.

Das Curriculum FAUSTLOS fördert die sozialen und emotionalen Kompetenzen bei Kindern, damit sie Konflikte nicht auf Kosten von anderen lösen müssen. Kinder können in ihrem Empathie- und Problemlösungsverhalten und im Umgang mit heftigen Gefühlen schon früh gefördert werden. Das Programm FAUSTLOS gibt es deshalb schon für den Kindergarten und wird in der Grundschule fortgesetzt. Die Version für die Sekundarstufe ist in Vorbereitung. FAUSTLOS konnte seine Effektivität in den wissenschaftlichen Untersuchungen nachweisen. Genauso wichtig ist es aber, dass das Konzept von vielen Erzieherinnen und Erziehern, Lehrerinnen und Lehrern begrüßt und gerne umgesetzt wird. Die Lehrkräfte erhalten mit dem FAUSTLOS-Koffer ganz konkrete Unterstützung für ihren Alltag mit den Kindern. In Deutschland haben bislang mehr als 1000 Schulen und mehr als 500 Kindergärten das Programm in ihren Lehrplan aufgenommen (Stand August 2004). Viele Länder, Bezirke und Kommunen tragen sich mit dem Gedanken, es zum festen Bestandteil in Kindergärten und Schulen zu machen.

Ein Buch über FAUSTLOS hat gefehlt. Dieses Begleitbuch ist insbesondere für Eltern, die Erzieherinnen und Erzieher und Lehrerinnen und Lehrer geschrieben, die sich über FAUSTLOS informieren und in Erfahrung bringen wollen, was es mit diesem Programm auf sich hat und wie die Kinder im sozial-emotionalen Lernen gefördert werden können. Darüber hinaus bietet es jedem Interessierten eine Fülle von Informationen über FAUSTLOS.

Teil I des Buches widmet sich dem Hintergrund von FAUSTLOS. In Kapitel 1 werden das Problem der Gewalt und Erklärungsmodelle zur Gewaltentstehung dargelegt, in Kapitel 2 die Theorie des sozial-emotionalen Lernens erläutert.

Teil II des Buches richtet sich an diejenigen, die sich genauer über die Durchführung von FAUSTLOS informieren wollen. In Kapitel 3 wird das Curriculum FAUSTLOS und in den Kapiteln 4 bis 6 die Einheiten Empathieförderung, Problemlösen und Impulskontrolle sowie Umgang mit Ärger und Wut beschrieben. Die Eltern erfahren, durch Beispiele veranschaulicht, wie ihre Kinder im Kindergarten und in der Schule FAUSTLOS lernen.

Teil III des Buches richtet sich hauptsächlich an die Eltern. Diese können in den Kapiteln 7 bis 9 erfahren, wie sie zu Hause in ihrer Familie Empathie, Problemlösungsverhalten und den Umgang mit heftigen Gefühlen bei ihren Kindern fördern können. Die Möglichkeiten werden durch viele Beispiele praxisnah vermittelt. Da viele Lehrkräfte auch Eltern sind (oder sich vielleicht auch mit dem Gedanken tragen, Eltern zu werden) wird dieser Teil des Buches auch für sie aufschlussreich sein. In den Kapiteln dieses Teils habe ich mir erlaubt, Sie als Eltern direkt anzusprechen. Weitere Informationen über FAUSTLOS finden Sie in Kapitel 10, außerdem Hinweise, wie Sie sich darüber hinaus zum Thema Gewaltprävention informieren können.

Der Stil des Buches wurde möglichst lesefreundlich und wenig wissenschaftlich gehalten. Auf das Zitieren von Literaturstellen wurde weitmöglichst verzichtet. Nur am Schluss von Kapitel 3 finden Sie Literaturangaben zu den Evaluationsergebnissen. Alle sonstigen Literaturhinweise zu den wissenschaftlichen Arbeiten, auf die sich der Text bezieht, sind entweder den Fußnoten oder dem Verzeichnis über die wissenschaftlichen Veröffentlichungen zu FAUSTLOS zu entnehmen. Diese sind am Ende des Buchs aufgelistet. Weiterführende Buchempfehlungen für Eltern und Lehrkräfte finden sich ebenfalls am Schluss des Buches.

Da in den Kindergärten fast ausschließlich Erzieherinnen, in den Grundschulen überwiegend Lehrerinnen arbeiten und der Text lesefreundlich gehalten werden soll, wurde sprachlich zumeist die weibliche Form für Lehrkräfte gewählt. Selbstverständlich sind immer alle Erziehenden, auch die Erzieher oder die Lehrer gemeint.

Am Erfolg von FAUSTLOS haben viele mitgeholfen. Viele staatliche Einrichtungen haben sich bisher an der Entwicklung und Verbreitung von FAUSTLOS beteiligt: Das Bundesministerium für Familien, Frauen, Jugend und Senioren, das Baden-Württembergische Kultusministerium, das Baden-Württembergische Sozialministerium, die Landesstiftung Baden-Württemberg, das niedersächsische Justizministerium, das niedersächsische Sozialministerium, der Hamburger Senat, das Hessische Landesinstitut für Pädagogik (HELP) und viele kommunale sowie kirchliche Träger. Allen diesen Einrichtungen haben wir zu danken.

Als gemeinnützige Stiftung unterstützt uns bei der Verbreitung von FAUSTLOS in Deutschland maßgebend das „Bündnis für Kinder gegen Gewalt", München, mit seinem Vorstand Sabine Christiansen, Maria Furtwängler und Roman Herzog. Unser besonderer Dank für ihr großes Engagement geht an diese Stiftung.

An der Konzeption, der Überarbeitung und Anpassung der deutschsprachigen Versionen der FAUSTLOS-Curricula für Kindergarten und Grundschule haben zahlreiche wissenschaftliche Mitarbeiterinnen und Mitarbeiter engagiert mitgewirkt, u. a. an der Universität Göttingen: B. Diepold, S. Krebeck, K. Ratzke, M. Sanders und I. Schütte, an der Universität Heidelberg: A. Dewald, G. Egloff, I. Ott und Dr. A. Schick. Ihnen allen danke ich für Ihre Mitarbeit. Besonders bedanken möchte ich mich bei den beiden Geschäftsführern des Heidelberger Präventionszentrums, den Herren Axel Dewald und Andreas Schick, die durch ihren außerordentlichen persönlichen Einsatz zum Erfolg von FAUSTLOS jeden Tag ein bisschen mehr beitragen.

Frau A. Engberding danke ich für die sorgfältige stilistische Überarbeitung des Textes.

Ich bedanke mich auch bei Carine Minne und Matthias von der Tann, die mir ihr Haus in Irland zum Schreiben dieses Buches zur Verfügung gestellt haben, und besonders meiner Frau, die mir wieder einmal eine Auszeit dafür einräumte.

Manfred Cierpka   im Herbst 2004

Teil I

Grundlagen – was ist FAUSTLOS?

Kapitel 1

FAUSTLOS durch die Kindheit

Die zunehmende Gewaltbereitschaft und die Angst vor Gewalt haben eine eindrucksvolle Gegenbewegung in unserer Gesellschaft ausgelöst. Viele Eltern und Erziehende treten in zahlreichen Initiativen dafür ein, der Gewalt mit „aller Macht" entgegenzutreten. An Projekttagen werden von den Schülern zusammen mit den Lehrerinnen und Lehrern Vorschläge ausgearbeitet, wie die Schule gewaltfrei gemacht werden könnte. Eltern sammeln für die finanzielle Unterstützung von Schülerinnen und Schülern, die sich freiwillig als Mediatoren zur Streitschlichtung in der Schule gemeldet haben, die Organisatoren eines Stadtfestes spenden den erwirtschafteten Überschuss, damit Kindergärten mit FAUSTLOS ausgestattet werden können usw.

Das Entstehen einer Macht gegen Gewalt ist erkennbar. „Macht" ist eine menschliche Fähigkeit, die immer dann entsteht, wenn Menschen sich zusammentun und gemeinsam handeln, so die Philosophin Hannah Arendt[1]. Warum fühlen sich die Menschen dazu aufgerufen, initiativ zu werden? Es muss in unserem Miteinander etwas im Argen liegen, wenn so viele Menschen aktiv werden. Viele Menschen fordern, der Verrohung in den Beziehungen und der zunehmenden Gewaltbereitschaft bei Konflikten entschlossener entgegen zu treten. Und in der Bevölkerung nimmt das Gefühl zu, bedroht zu sein. Die Bedrohung durch Gewalt wird offenbar zunehmend stärker empfunden. Die moralische Entrüstung allein hilft nicht weiter. Viele Menschen sind motiviert, auch zu handeln. Sie wollen die Beziehungskultur wieder fördern und der Erziehung der Kinder wieder mehr Gewicht einräumen.

---

[1] Arendt, H. (1970). Macht und Gewalt. München, Piper.

Dass die Beziehungskulturen wieder stärker beachtet werden, liegt überwiegend an den eigenen mehr oder weniger bedrohlichen Erfahrungen, die der Einzelne im Alltag und in ganz unterschiedlichen Kontexten machen kann. Auch die Darstellungen der Gewalttätigkeit von Mitmenschen durch die Medien tragen dazu bei, dass das Thema der Gewalt viel beachtet wird. Wesentlicher Auslöser der aktuell entbrannten Diskussion sind die kriminalstatistischen Zahlen, die klar belegen, dass die Gewalt in den letzten 30 Jahren in erheblichem Maße zugenommen hat, auch wenn sich dieser Trend seit 1998 wieder abschwächt (Statistik nach einem Bericht des Bundeskriminalamts 2004). Dabei ist insbesondere die Tatsache besorgniserregend, dass die Täter immer jünger werden. Die Zunahme der Gewaltbereitschaft zeigt sich aber nicht nur in der Kriminalstatistik. Es sprechen immer mehr Untersuchungen dafür, dass es in den Kindergärten und Schulen täglich härter zugeht. Auch wenn 9 von 10 Jugendlichen nach wie vor Gewalt ablehnen und sich entsprechend verhalten, sind Kinder häufiger als früher bereit, zu Mitteln der Gewalt zu greifen. Ca. 5 % der Kinder in den Kindergärten und Schulen sind aufgrund ihres impulsiven und aggressiven Verhaltens gefährdet und stellen für ihre Bezugspersonen eine Belastung dar (Bericht des Bundeskriminalamts 2004).

Manchmal dauert es sehr lange, bis die gesellschaftlichen Kräfte reagieren. So machten erst die ernüchternden Ergebnisse der Pisa-Studie deutlich, dass im deutschen Bildungssystem Reformen überfällig sind. Jetzt reagiert die Politik. Es wird Jahre dauern, bis Lehrpläne geändert sind und die Lehrer besser ausgebildet werden. Unterdessen besteht die Gefahr, dass zu einseitig auf die schulischen Leistungen geachtet wird. Eltern, Lehrkräfte und Erzieherinnen wissen schon lange, dass es bei den Schülerinnen und Schülern nicht nur am Sachwissen mangelt. Mehr noch als die schlechten Leistungen beunruhigt die Beziehungskultur in den Kindergärten und Schulen. Zu den alltäglichen Erfahrungen der Lehrerschaft gehört es, dass sie sich zunehmend mit aggressivem Verhalten von Schülern und der Lösung interpersoneller Konflikte im Klassenzimmer auseinandersetzen müssen, so dass die Durchführung regulären Unterrichts oft gar nicht mehr möglich ist. Durch eine einseitige sachwissenorientierte Ausbildung fehlt ihnen überwiegend das Handwerkszeug, um mit den zwischenmenschlichen Konflikten in der „Lebenswelt Schule" zurecht zu kommen. Die Konsequenz ist eigentlich ganz einfach: Die Beziehungskompetenzen der Kinder müssen genauso gefördert werden wie die Bildung. Nur in einer aufmerksamen Klasse lässt sich Wissen von einer Lehrerin vermitteln, mit der sich die Schülerinnen und Schüler identifizieren können. Die Kindergärten und Schulen sind – ob sie wollen oder nicht – als Institutionen der Erziehung wieder mehr gefordert.

Erklärungsmodelle für die Gewaltentstehung

Keine alleinige Ursache kann plausibel erklären, warum die Gewaltbereitschaft in den Kindergärten, in den Schulen und überhaupt im öffentlichen Raum zugenommen hat. Es ist davon auszugehen, dass sich aggressives und gewaltbereites Verhalten innerhalb eines multifaktoriellen Bedingungsgefüges entwickelt, in dem das Individuum, die Familie, die Gruppe der Gleichaltrigen, Schule und Gesellschaft in einem engen Wechselverhältnis zueinander stehen.

Wir erleben gegenwärtig die gesellschaftlichen Veränderungen und die damit einhergehenden Instabilitäten, die ganz offensichtlich zu einer Zunahme des Rechtsradikalismus, des Fremdenhasses und der Gewaltbereitschaft beigetragen haben. Die Arbeitslosigkeit und die zunehmende Armut sind weitere gesellschaftliche Parameter, die zur Verschlechterung der sozioökonomischen Situation und damit zu einer Vergrößerung der individuellen und familiären Verunsicherung führen.

Diese Verschlechterungen reichen als Erklärung aber nicht aus. In einer sich pluralisierenden und individualisierenden Gesellschaft wird für die Kinder und Jugendlichen die Integration in die Gesellschaft und für die Eltern die Erziehung immer schwieriger. Neue Miterzieher sind die Medien, aber auch die Bedeutung der Gleichaltrigengruppe als Miterzieher scheint größer geworden zu sein. Schließlich soll noch die Verunsicherung in den Wert- und Normvorstellungen bei Kindern und Eltern angeführt werden, die auch auf dem Hintergrund der 68er Zeit diskutiert wird.

Für die Kinder ist es schwieriger geworden, eine eigene Identität zu finden; die Eltern suchen oft mühsam ihre Erziehungsziele für ihre Kinder und den für ihre Familie passenden Erziehungsstil. In den Beratungssituationen spielt die Verunsicherung eine immer größere Rolle. Letztlich handelt es sich um eine Verunsicherung in den Wert- und Normvorstellungen, die sich auch in der immer größer werdenden Zahl der Eltern-Ratgeber ausdrückt. Oft finden die Eltern in diesen Büchern keinen Halt und sind nach der Lektüre ratloser als zuvor.

Interessant ist in diesem Zusammenhang, dass sich die Kriminalstatistik bei Kindern in den USA in den letzten Jahren verbessert hat, nachdem sie sich über Jahre zuvor stetig verschlechtert hatte. Viele Wissenschaftler führen dies darauf zurück, dass die Eltern durch die in den Medien angeprangerte erhöhte Gewaltbereitschaft für das Problem sensibilisiert wurden. Durch eine entsprechende Öffentlichkeitsarbeit gelang es dann, den Eltern den Wert und die Notwendigkeit von kindgerechter Erziehung vor Augen zu führen. Möglicherweise konnte ein solcher Einstellungswandel hin zu mehr und besserer Erziehung vieles zum Positiven verändern. In Deutschland scheinen wir gerade vor einer ähnlichen Aufgabe zu stehen.

Eine besondere Problemgruppe stellen die Kinder mit aggressivem Verhalten dar, die häufig Anlass zur Vorstellung in Beratungsstellen oder beim Kinderpsychiater bzw. Psychotherapeuten geben. Kinder, die impulsives oder aggressives Verhalten zeigen, fallen ihrer Umgebung dadurch auf, dass sie andere Menschen physisch oder psychisch verletzen, Verletzungen androhen und/oder Gegenstände zerstören. Aggressives und gewaltbereites Verhalten zeigt sich in unterschiedlichen Kontexten wie Familie, Kindergarten, Schule. Dabei ist der Ursprungsort der Konflikte nicht immer mit dem Ort identisch, an dem die Kinder Aggressionen und Gewalt zeigen. Bietet etwa das soziale und emotionale Klima im Elternhaus keinen Raum für die Austragung von Konflikten, wird das angestaute Aggressionspotential leicht auf andere Lebensbereiche, wie z. B. Schule und Kindergarten übertragen. Umgekehrt können außerfamiliale Konflikt- und Opfererfahrungen zu aggressivem Verhalten im Elternhaus führen, z. B. gegenüber Geschwistern oder den elterlichen Erziehungspersonen. In jedem Fall wird aggressives Verhalten als Mittel der „Lösung" von Konflikten eingesetzt bzw. fungiert als Ausdrucksmöglichkeit einer eskalierenden Situation, wenn keine anderen Kommunikationsformen zur Verfügung zu stehen scheinen.

Zu den potentiellen „Tätern" zählen vor allem jene Kinder, die bereits beim Schuleintritt mit besonderen Risiken, früher oder später gewalttätig oder sogar straffällig zu werden, belastet sind („hoch risikobelastete" Kinder). In fast jeder Schule gibt es ca. 1–2 % solcher Kinder. Diese Kinder zeichnen sich durch auffällig aggressives und impulsives Verhalten aus, das für alle anderen in einer Klasse zu einer Belastung führen kann. Dies ist auch ein Grund dafür, dass sie von Gleichaltrigen zurückgewiesen werden. Auch die sog. Schikanierer gehören in die Gruppe der besonders risikobelasteten Kinder. Sie nehmen jeden Schubser oder Schlag als einen aggressiven Akt wahr, der Rache erfordert. Sie sind häufig der Meinung, dass andere es darauf abgesehen haben, ihnen etwas anzutun. Dieses „schikanierende" Verhaltensmuster ist bereits ab dem dritten Lebensjahr zu beobachten. Frühe Anzeichen dafür sind Tendenzen, in heftige Auseinandersetzungen bzw. Schlägereien, Prügeleien und andere Formen destruktiven Sozialverhaltens verwickelt zu werden.

Während es aggressive und impulsive Kinder in jeder Schicht gibt, sind jene Kinder, die mit den o. g. besonderen Risiken belastet sind, in den unteren Schichten überrepräsentiert. Sie leben häufig in einem Umfeld,

- in dem die erwachsenen Vorbilder weniger gesellschaftliche Chancen haben;
- in dem sie möglicherweise Menschen kennen, die in kriminelle Aktivitäten verwickelt sind;
- in dem sie mit häufigem Wechsel der Wohnumgebung und/ oder der (elterlichen) Erziehungspersonen durch Trennungen und Scheidungen konfrontiert sind;
- in dem durch die kulturellen Vorbilder Gewalt, Macht und Gewinnstreben verherrlicht, die tradierten Autoritäten hingegen abgelehnt werden;
- in dem ökonomische Belastungen zu einem erhöhten Risiko familiärer Gewalt und zur Verletzung der elterlichen Aufsichtspflicht führen können, sofern keine kompensatorischen Ressourcen, wie z. B. eine intakte Nachbarschaft, stabile Wohnverhältnisse, soziale Netzwerke zur Verfügung stehen.
- Viele der genannten Probleme sind in ökonomischen Krisenzeiten allerdings auch bei Angehörigen höherer Sozialschichten zu finden.

Nach wie vor ist die Frage, ob Mädchen aufgrund ihrer genetischen Anlagen weniger aggressiv als Jungen sind, in der empirischen Forschung umstritten. Weitgehend unstrittig ist aber, dass Jungen weitaus häufiger als Mädchen offene physische Aggressionen zeigen. Mädchen hingegen zeigen häufiger andere, eher indirekte Formen aggressiven Verhaltens, wie z. B. verbale Verletzungen, Verleumdungen, Beleidigungen etc. Sofern Mädchen/ Frauen physische Aggressionen zeigen, haben diese eher eine expressive Funktion, d. h. sie sind Ausdruck eines meist scham- und schuldhaft erlebten Kontrollverlusts; jedoch haben diese bei Jungen/Männern vorwiegend eine instrumentelle Funktion zum Gewinn von Macht und Kontrolle über andere Menschen. Es gibt aber auch „prügelnde" Mädchen und auch Jungen, bei denen mit zunehmendem Alter die indirekten, verbalen Formen der Aggression neben den direkt physischen an Bedeutung gewinnen. Weiterhin ist zu berücksichtigen, dass Jungen nicht nur häufiger Täter, sondern auch häufiger als Mädchen Opfer von physischer Gewalt sind.

Gewaltprävention muss in der Kindheit beginnen

Obwohl das Problem der Gewalt am deutlichsten bei Jugendlichen und jungen Erwachsenen auftritt, beginnt aggressives und unsoziales Verhalten bereits in der Kindheit. Deshalb muss eine effektive Prävention (Vorbeugung) bereits in der Kindheit einsetzen. Je älter die Kinder werden, desto resistenter gegen Veränderungen sind sie in ihrem aggressiven und gewaltbereiten Verhalten. Wenn aggressive Kinder die Vorpubertät erreichen, ist ihre Fähigkeit zur Empathie oft dadurch eingeschränkt, dass sie andere falsch wahrnehmen. Der kleinste Schubs kann als ein feindseliger Akt wahrgenommen werden; diese Kinder fühlen sich durch fast jeden bedroht. Sie beurteilen soziale Situationen weiterhin von einem egozentrischen Blickpunkt, aber mit einer neuen Wendung, indem sie zu sich selber sagen: „Wie kann ich jemanden bedrohen, bevor er mich bedroht?" Diese Kinder nehmen andere Kinder oft aggressiver als sich selbst wahr, und sie können offenbar nur schwer die Perspektive anderer übernehmen. Oft münden ihre Erfahrungen mit den Mitmenschen in dem Gefühl, nicht anerkannt und von den anderen abgelehnt zu werden. Ein Teufelskreis entwickelt sich, der zur erheblichen Einschränkung des Selbstwert-Empfindens beiträgt.

Forschungsergebnisse belegen, dass viele dieser Kinder, wenn sie keine korrigierenden (Beziehungs-)Erfahrungen machen, in ihrer Lebensbewältigung scheitern und ihr Leben lang auf öffentliche Unterstützung angewiesen sind. Sie zeigen besonders häufig schlechte Schulleistungen, versagen völlig oder bleiben in ihrer Ausbildung unterhalb ihrer Möglichkeiten.

Während aggressive Kinder in den letzten 20 Jahren Forschungsgegenstand zahlreicher Untersuchungen waren, wird die Notlage der Opfer, d. h. der Kinder, die von ihren Altersgenossen unterdrückt werden, erst seit kürzerer Zeit von der Forschung und von Erziehungsverantwortlichen wahrgenommen. Verschiedene Untersuchungen haben gezeigt, dass jeder zehnte Schüler bzw. jede zehnte Schülerin von Mitschülern verfolgt oder attackiert wird. Zu Opfern werden häufig sozial vernachlässigte Kinder, die von Gleichaltrigen wenig beachtet, aber oft zur Zielscheibe von aggressiven und gewalttätigen Handlungen werden. Sie verfügen – z. T. als Konsequenz von wiederholten Attacken – über ein niedriges Selbstwertgefühl, haben nur geringen Schulerfolg und befinden sich auf sozialem Rückzug.

Opfererfahrungen wie erlebte Misshandlung oder Missbrauch stellen ein besonderes Risiko für die kindliche Entwicklung dar. Es spricht einiges dafür, dass chronischer Schmerz in der Kindheit direkt in Aggression umgesetzt wird. Aber auch das Gegenteil, ein das erträgliche Maß übersteigender Mangel an Stimulierung, der z. B. bei Vernachlässigungen vorliegt, wirkt traumatisierend, hemmt ebenfalls die normale Entwicklung und provoziert Aggressivität. Kinder, die in ihrer Familie Erfahrungen als Opfer von Gewalt gemacht haben, neigen in etwa einem Drittel der Fälle dazu, später selber zum Täter zu werden.

Besonders zu beachten ist aber auch, dass Kinder die feindselige Aggressivität nicht unbedingt am eigenen Leib erfahren haben müssen, z. B. als Tätlichkeiten eines Geschwisters oder durch den prügelnden Vater. Es reicht schon aus, wenn sie Wut und Hass und die Verletzung bei ihren Eltern oder den Geschwistern gesehen und nachempfunden haben. Sie erleben dann die feindselige Aggressivität oder gar Gewalttätigkeit als Mittel der Konfliktlösung, fühlen sich in Opfer und Täter ein und übernehmen deren Strategien für sich selbst. Wenn sie selbst Eltern werden, setzen sie oft den Gewaltzirkel fort und werden zu Tätern gegenüber ihren Kindern.

Die Familie spielt im seelischen Entwicklungsprozess eines Kindes eine entscheidende Rolle. Die amerikanischen Autoren Brazelton und Greenspan (2002) haben sieben Grundbedürfnisse von Kindern herausgearbeitet: Das Bedürfnis nach (1) beständigen liebevollen Beziehungen, (2) körperlicher Unversehrtheit, Sicherheit und Regulation, (3) Erfahrungen, die auf individuelle Unterschiede zugeschnitten sind, (4) entwicklungsgerechten Erfahrungen, (5) Grenzen und Strukturen, (6) stabilen, unterstützenden Gemeinschaften und (7) kultureller Kontinuität. Idealerweise sollten alle Familien dazu beitragen, dass ihre Kinder diese Bedürfnisse stillen können.

Macht ein Kind in seiner Familie früh unzureichende und ungünstige (Bindungs- und Beziehungs-)Erfahrungen, kann es die für seine Entwicklung notwendigen Fähigkeiten wie Selbstvertrauen und Selbstbewusstsein, kommunikative und emotionale Kompetenz und bestimmte soziale Fähigkeiten nur schwer erwerben. Viele Risiko-Kinder kommen aus instabilen Familien, ihre Entwicklung ist sehr häufig durch Brüche in der Lebensgeschichte belastet. Schwierige Umgebungsbedingungen labilisieren diese Familien. Häufiger Wohnwechsel kann die soziale Integration mindern. Arbeitslosigkeit und/oder fehlende Einbindung in die soziale Umgebung tragen dazu bei, dass keine neuen Ressourcen aus der sozialen Umwelt geschöpft werden können. Bei einer Verschärfung der Familiensituation wird der Überlebenskampf härter, die Aggression als Modell zur Konfliktlösung spiegelt die Auseinandersetzung der Familie mit der als feindlich erlebten Außenwelt. Tragisch ist, dass sich die Kinder in der Sozialisation mit diesem Modell der Konfliktlösung durch Gewalt identifizieren und so vom Opfer zum Täter werden können.

Wenn Kinder einer solchen schwierigen familialen Situation ausgesetzt sind, zeigen sie häufig sowohl in der Familie als auch in der Schule ein wachsendes Maß an negativem und antisozialem Verhalten. Schulversagen ist eine ebenso gewöhnliche Folge, wie die Ausstoßung durch Freunde und Bekannte. In der Jugendlichenzeit tendieren diese Kinder dazu, die Nähe zu anderen Jugendlichen zu suchen, die bereits begonnen haben, straffällig und leicht kriminell zu werden. Je länger ein Kind auf dieser „Karriereleiter" antisozialen Verhaltens verbleibt, desto größer ist das Risiko, dass es zu extremeren Formen der Straffälligkeit kommt, wie zum Beispiel zu Drogenmissbrauch, Straftaten oder Promiskuität.

Vorbeugen ist besser als nachsorgen

Die wissenschaftlichen Erkenntnisse sprechen eine eindeutige Sprache: Schwierigste Kindheitsbedingungen können die Entwicklung eines Menschen in vielfältigster Weise einschränken und Aggressivität und Gewalt provozieren. Die Präventionsmaßnahmen sollten bereits in der Kindheit ansetzen, um allen Kindern die gleichen Entwicklungschancen zu geben. Da das kindliche Gehirn gerade in den ersten Lebensjahren stark beeinflussbar ist, schlagen sich negative Erfahrungen, die ein Kind mit seiner Umgebung macht, als Strukturen im Gehirn nieder. Diese neurobiologischen Prozesse beeinflussen wiederum die psychologische und soziale Entwicklung eines Kindes. Das ist die schlechte Botschaft.

Erkenntnisse der Entwicklungspsychologie, der Bindungsforschung und der Psychoanalyse aus den letzten Jahrzehnten zeigen aber, dass die seelische Entwicklung von Kindern nachreifen kann – und das ist die gute Botschaft! Entwicklungsfördernd ist die Stärkung der Beziehungen zu den primären Bezugspersonen, die „gut genug sind" wie dies Winnicott, einer der bekanntesten Kinderanalytiker einmal genannt hat. „Überall lernt man nur von dem, den man liebt", sagte schon Goethe und wies damit auf die Erwachsenen als Vorbilder für die Kinder und die Kraft der Liebe hin. Die Entwicklung des kindlichen Selbst und des Gefühls für ein Selbst vollzieht sich als Antwort auf den Anderen, also unmittelbar in der Beziehung. Das Gegenüber sind meistens die Eltern, es können aber auch andere Pflegepersonen sein. Die seelische Reifung erfolgt in positiver Gegenseitigkeit und in zwischenmenschlicher Abstimmung zwischen den wichtigsten Bezugspersonen und dem Kind. Die in diesen Interaktionen gemachten Erfahrungen werden verinnerlicht und werden zu Strukturen im seelischen Innenleben. Die inneren Schemata bestimmen ihrerseits wiederum, wie die Kinder ihre Beziehungen zu den Mitmenschen aufnehmen und gestalten.

Eine sichere Bindung gilt als wesentlicher Schutzfaktor und Puffer. Voraussetzung dafür ist eine positive Beziehung zwischen Eltern und Kind, die sich ihrerseits aus einer Vielzahl überwiegend positiver Interaktionen herstellt. Wenn Kinder in ihren Beziehungskompetenzen gestärkt werden sollen, muss man ihre Fähigkeiten und Fertigkeiten fördern, damit sie in Beziehungen überwiegend positive Erfahrungen mit anderen machen. Dadurch entstehen bei ihnen so genannte „Arbeitsmodelle" von positiven Beziehungen und sicheren Bindungen, die mit größerer Wahrscheinlichkeit zu einem alters- und situationsangemessenen Selbstwertgefühl beitragen. Es ist im Grunde ganz einfach. Ein Kind, das von seinen Eltern liebevoll behandelt wurde und das seine Eltern liebt, gewinnt dadurch ein liebevolles Verhältnis zu seiner Umwelt und bewahrt diese Grundeinstellung ein Leben lang.

Kinder, die diese positiven Erfahrungen nicht machen konnten, neigen in aggressiven Konfliktsituationen dazu, ihr schwaches Selbstwertgefühl auf Kosten von anderen zu stärken. Die Demütigung der anderen und der eigene Triumph, verbunden mit dem Gefühl sich alles zutrauen zu können, bedeutet für sie Machtzuwachs und Stärkung des Ichs. Der Ansatz in der Gewaltprävention besteht deshalb darin, genau diejenigen Fähigkeiten und Fertigkeiten bei Kindern zu fördern, die ihnen Möglichkeiten an die Hand geben, Konflikte gewaltfrei zu lösen. FAUSTLOS durch die Kindheit bedeutet aber mehr als Gewaltfreiheit in der Erziehung. FAUSTLOS durch die Kindheit meint auch eine prosoziale Einstellung zu den Mitmenschen, die Förderung der Zivilcourage und eine Erziehung zu demokratischer Kultur.

Die Entwicklung dieser so genannten prosozialen Verhaltensweisen wird als sozial-emotionales Lernen bezeichnet. Die Maßnahmen zur Steigerung der sozial-emotionalen Kompetenzen von Kindern haben im Rahmen von Gewaltprävention einen zentralen Stellenwert. Eine Fülle von Studien zur Förderung des sozial-emotionalen Lernens beweist den positiven Einfluss auf die kognitiven und sozial-emotionalen Entwicklungsbedingungen von Kindern. Kinder mit guten sozial-emotionalen Kompetenzen greifen in konflikthaften Auseinandersetzungen nicht nur signifikant weniger zu Gewalt, sie sind als Erwachsene auch seelisch und körperlich gesünder, sie sind im Bildungsabschluss besser und sie kommen in der Gesellschaft besser zurecht. Diese Kompetenzen wirken sich letztendlich natürlich auch auf das Wohlbefinden und die Lebensqualität aus.

Im folgenden Kapitel werden die sozial-emotionalen Kompetenzen, die mit FAUSTLOS gefördert werden, genauer beschrieben.

Kapitel 2

Sozial-emotionales Lernen

FAUSTLOS will die Fähigkeit der Kinder zur Konfliktlösung stärken. Konflikte sind im Leben allgegenwärtig und gehören auch für Kinder zum Alltag. Indem sie ständig Konflikte durchlaufen, erwerben sie gleichzeitig die Kompetenzen, mit weiteren Konflikten umzugehen. Konflikte treten mit den Erziehungspersonen oder mit den Spielkameraden auf: Ein Kind will nach dem Essen aufstehen und sofort zum Spielen gehen. Die Mutter sagt „Moment mal!" und hält es an, sich beim Aufräumen des Tisches zu beteiligen. Oder: Die Geschwister möchten unterschiedliche Fernsehsendungen sehen oder streiten um den Computer. Kinder müssen von Beginn ihres Lebens an ihr eigenes Verhalten mit dem der Mitmenschen abstimmen. In aggressiv getönten Situationen ist dieser Abstimmungsprozess besonders sensibel. Wenn ein Kind z. B. auf der Straße von einem Ball getroffen wird, muss es in kurzer Zeit herausfinden, was gerade passiert ist. Es stellt sich sofort die Frage: Bin ich zufällig getroffen worden oder steckt eine Absicht der Spielkameraden dahinter?

Manche Menschen verstehen es sehr gut, sich in Gruppensituationen mit anderen abzustimmen. Sie sind sehr gute „Konfliktlöser". Sie finden schnell heraus, was die anderen möchten und wie sie sich selbst dazu verhalten könnten. Sie sind in der Lage, die Gefühle, Wünsche und Ängste der anderen zu „lesen" und darauf angemessen zu reagieren. Diese interpersonelle Intelligenz wurde von dem Erfolgsautor Goleman (1995) als „emotionale Intelligenz" bezeichnet. Er beschreibt, wie diese besonderen Fähigkeiten bei Kindern schon sehr früh gefördert werden können. In den USA führte dies sofort dazu, sich Gedanken darüber zu machen, wie man die emotionale Intelligenz der Babys fördern könnte, damit sie später im Leben besser bestehen und erfolgreicher in der Karriere werden. Es wurden sogar Programme entwickelt, um das Baby bereits im Mutterleib zu stimulieren.

Auch wenn man diese Initiativen kritisch sehen muss, ist der Grundgedanke richtig: Wenn Kinder in ihren Beziehungen zu anderen stimuliert werden, sich auf das Gegenüber einzustellen und dabei lernen, dessen Absichten zu erkennen, dann werden sie im Miteinander sicherer. Wissenschaftlicher formuliert heißt das Programm, Kinder dazu anzuhalten, in sozialen Interaktionen die Signale des Gegenübers korrekt wahrzunehmen, angemessen zu interpretieren und dann entsprechend zu handeln. Da die Intentionen des anderen oftmals konflikthaft für die eigenen Vorstellungen sind, werden Abstimmungsprozesse mit den anderen notwendig. Das kann zu dem Ergebnis führen, sich angemessen durchzusetzen oder aber auch sich anzupassen oder gegebenenfalls einen Kompromiss einzugehen. Auf diesem Weg fördert das Lernen des Lösens von Konflikten langfristig die emotionalen Kompetenzen.

Abbildung 1: Bild „Bibliothek"

Ein Beispiel: Franziska und Daniel in der Bibliothek

Die Abbildung 1 ist den FAUSTLOS-Materialien der Einheit II „Impulskontrolle" entnommen. Anhand einer großformatigen Photokarte werden Kinder in der Grundschule mit dieser Lektion an die sozialen Fähigkeiten „Aushandeln" und „Tauschen" herangeführt. Dabei wird betont, dass diese beiden Fähigkeiten sehr wichtig sind, um Freundschaften zu schließen. Illustriert wird dies durch eine Situation in der Bücherei. Daniel und Franziska sind in der Bücherei. Daniel hat ein Buch über Dinosaurier entdeckt. Er möchte es ausleihen und hat es an sich genommen. Auch Franziska interessiert sich sehr für Dinosaurier und möchte das Buch ebenfalls gerne leihen. Das ist die modellhafte Konfliktsituation, die die Kinder zu lösen haben.

Es handelt sich um eine alltägliche Konfliktsituation, die die Kinder in allen möglichen Varianten kennen. Für jeden Menschen besteht das Interesse, Konflikte so zu lösen, dass die Beziehung zum Gegenüber aufrecht erhalten bleibt. Franziska und Daniel sind gute Freunde und das möchten sie auch bleiben. Manchmal ist das gar nicht so einfach. Um eine Lösung zu finden, müssen sowohl die eigenen Interessen als auch die der anderen berücksichtigt werden.

Damit ein Kind in einem Dialog den Konflikt angemessen angehen und lösen kann, muss es auf bestimmte Fähigkeiten und Fertigkeiten zurückgreifen können, die als sozial-emotionale Kompetenzen bezeichnet werden. Diese für die Konfliktlösung erforderlichen Kompetenzen sind von Entwicklungspsychologen identifiziert worden. In Crick und Dodge's (1994)[1] Modell des sozialen Informationsaustauschs werden die einzelnen Schritte beschrieben, wie Kinder soziale Situationen begreifen

---

[1] Crick NR, Dodge KA (1994) A Review and Reformulation of Social Information-Processing. Mechanisms in Children's Social Adjustment. Psychological Bulletin, 1994, Vol. 115, Nr. 1, 74–101.

lernen und wie sie sich in einer bestimmten Interaktionssituation zurecht finden.

Die Autoren stellen die *Wahrnehmung und das Interpretieren der sozialen Situation* als die beiden ersten Schritte dar (vergl. Abb. 2). Franziska und Daniel möchten beide das Buch leihen, das ist das Problem. Die Interpretation der sozialen Situation ist für das weitere Vorgehen meistens maßgebend. Wenn Franziska denkt, dass Daniel absichtlich das Buch schnell genommen hat, um ihr zuvor zu kommen, dann geht das möglicherweise auf entsprechende Erfahrungen mit Daniel (oder anderen) zurück. Solche Erfahrungen werden sie dann bei ihrer Interpretation der Situation leiten. In manchen Konflikten müssen die Situation und die damit einhergehenden Signale sehr schnell interpretiert werden. Wenn das Kind auf der Straße von einem Ball getroffen wird, kann es die Situation als Zufall abtun, oder es kann sie als Angriff und absichtliche persönliche Verletzung interpretieren und dann entsprechend aggressiv reagieren.

In einem dritten Schritt muss das Kind sich darüber klar werden, was es erreichen will. Wie wichtig ist Franziska und Daniel das Buch? Gibt es dazu Alternativen? Gibt es vielleicht zwei davon in der Bücherei? Im vierten Schritt dieses Modells werden dann Alternativen des Handelns durchgespielt, wobei die Konsequenzen der Handlungen in Gedanken vorweg genommen werden (Antizipation).

Franziska und Daniel müssen zum Beispiel herausfinden, welche Möglichkeiten eines Tausches es geben könnte. Franziska muss sich in Daniel hineindenken und sich fragen, was könnte Daniel als Tausch akzeptieren? Was könnte Franziska tun, wenn Daniel nicht tauschen möchte? Was könnte andererseits Daniel ihr anbieten? Er könnte ihr das Buch nach einigen Tagen geben oder sie könnten es beide zusammen lesen. Viele dieser Überlegungen bleiben den Kindern unbewusst und geschehen in Bruchteilen von Sekunden. Entscheidungen müssen oft schnell gefällt werden. Daniel hat zu überlegen, was mit seiner Freundschaft mit Franziska passiert, wenn er stur bleibt.

Franziska wird erwägen, ob es sich lohnt, mit Daniel wegen des Buchs einen Streit zu beginnen. Die gewählte Antwort (Schritt 5) entscheidet über das Beziehungsverhalten (Schritt 6). Wenn sich die Kinder zu einer Handlung entschließen, werden diese an der Reaktion des Anderen überprüft. Dies kann die eigene Absicht noch einmal verändern. Wenn Daniel feststellt, dass sich Franziska enttäuscht von ihm zurückzieht, wird er sich vielleicht fragen, ob er ihr nicht doch einen konkreten Vorschlag machen will.

Abbildung 2: Sozialer Informationsaustausch nach Crick und Dodge (1994)

Bei den Entscheidungen spielen manchmal auch die Machtverhältnisse eine Rolle. Eine aggressive Handlung wird möglicherweise deshalb zurückgestellt, weil sich das Kind vor der Übermacht der Peers (Gleichaltrigen) fürchtet. Wenn das vom Ball getroffene Kind in den Gesichtern der anderen Kinder die Häme erkennt und wütend wird, kann die Übermacht der anderen trotzdem dazu beitragen, dass das Kind seinen Weg fortsetzt und so tut, als ob nichts gewesen wäre. In mehreren Schritten durchläuft das Kind einen sozial-emotionalen Regulierungsprozess, der in eine mehr oder weniger angemessene Handlung mündet. Auf diese Handlung werden wiederum die Anderen in einer nächsten Schleife reagieren. Soziale Konfliktsituationen durchlaufen oftmals mehrere Schleifen bis sie gelöst sind. Das erfordert von den Kindern eine gewisse Spannungs- und manchmal auch Frustrationstoleranz. Das Konfliktlösungsverhalten ist sehr stark von emotionalen Prozessen beeinflusst. Lemerise und Arsenio (2000)[2] haben deshalb das Modell von Crick und Dodge erweitert. Sie weisen zu Recht darauf hin, dass die emotionalen Prozesse als motivationale, kommunikative und regulatorische Funktionen beim Lösen von Konflikten eine große Rolle spielen. In Kombination mit den kognitiven Prozessen (Aufmerksamkeit, Lernen, Gedächtnis, Logik) bestimmen sie ganz wesentlich das Durchlaufen der Kommunikationsprozesse in Interaktionen mit. Die Wahrnehmung, die Interpretation, die durchgespielten Alternativen und schließlich die Handlung sind von emotionalen Umgebungsfaktoren wie z. B. der Emotionalität in einer Situation oder der Atmosphäre abhängig.

Im Beispiel mit dem vom Ball getroffenen Kind wird die Reaktion vom Ausmaß der Verletzung abhängig sein. Größere Schmerzen haben heftigere emotionale Reaktionen zur Folge. Die individuelle Kompetenz zur Emotionsregulation ist dann stärker gefordert. Das Temperament des Kindes oder seine aktuelle emotionale Verfassung (Hintergrundemotion) beeinflussen seine Reaktion. Wenn das Kind gerade in der Schule die schlechte Benotung einer Schularbeit erfahren hat und deshalb in seinem Selbstwertgefühl geschwächt ist, kann es aktuell passieren, dass es schneller „ausrastet" und sich auf den vermeint-

---

[2] Lemerise EA, Arsenio W F (2000) An Integrated Model of Emotion Processes and Cognition in Social Information Processing. Child Development, 71: 107–118.

lichen Verursacher des Ballwurfs stürzt. Auf dem Hintergrund von vergangenen positiven oder negativen Erfahrungen mit den Gleichaltrigen, wird die Wahrnehmung und die Interpretation der Situation emotional gefärbt. Franziska wird sich blitzschnell an einige Erfahrungen mit Daniel erinnern und sie durchgehen, um eine Einstellung zu seinem Handeln zu finden. Nach entsprechenden Vorerfahrungen, die sich als verinnerlichte Schemata von Beziehungserfahrungen, die immer mit Emotionen verknüpft sind und sich in ihrem Seelenleben niedergeschlagen haben, kann sie gekränkt und wütend reagieren oder sich beleidigt zurückziehen. Oder sie weiß inzwischen, dass sie bei ihm gut durchkommt, wenn sie nur lange genug ihren Wunsch nach dem Buch wiederholt. Dann hat sie (mit ihm) die Erfahrung gemacht, dass man mit Trotz und Widerstand zu einem bestimmen Ergebnis kommen kann (Affekt-Ergebnis-Verknüpfung). Auch Daniel wird bei der Suche nach Möglichkeiten zur Konfliktlösung ganz wesentlich durch seine Gefühle gesteuert. Diese sind wiederum auch abhängig von seinen Vorerfahrungen mit Franziska (und ähnlichen Situationen). Auch er hat sich ein „Beziehungswissen" im Laufe seiner noch jungen Jahre angeeignet, das von Lemerise und Arsenio als „soziales Wissen" bezeichnet wird. Die abgespeicherten Schemata bestimmen neben den situativen und kontextuellen Faktoren ganz maßgebend seine Antwort auf Franziska.

Emotionen tragen ganz wesentlich zum psychologischen Funktionieren von sozialen Beziehungen bei, weil sie Informationen zu beabsichtigten oder wahrscheinlichen Verhaltensweisen von anderen beisteuern. Emotionen haben aber auch eine innerseelische Funktion. Die Emotionsregulierung führt auf der inneren Bühne zu einem Bewertungs- und Abstimmungsprozess, der erst angepasstes und zielgerichtetes Verhalten in einer Situation erlaubt. Diese funktionelle Sicht der Emotionen wird durch die neuere neurobiologische Forschung unterstützt (Roth 2002)[3].

---

[3] Roth G (2002) Fühlen, Denken, Handeln. Suhrkamp, Frankfurt a. M.

Abbildung 2 veranschaulicht die verschiedenen Schritte beim Durchlaufen des Kreisprozesses in der sozialen Informationsgewinnung. Interessant sind die Rückkopplungen mit den emotionalen Prozessen, die wiederum sehr eng mit den Strukturen des Gehirns zusammenhängen. Die Speicherung von Erfahrungen im Gedächtnis umfasst auch das Lernen von sozialen Rollen, die Verinnerlichung von Schemata und sozialem Wissen. Lemerise und Arsenio betonen in diesem Zusammenhang auch die Verknüpfungen von Affekt und Ereignis, die in der Amygdala stattfinden (der Mandelkern ist eine Gehirnstruktur, die maßgebend für die Emotionsverarbeitung zuständig ist). Diese Verknüpfungen beeinflussen das Erleben von späteren sozialen Erfahrungen entscheidend. Wenn bestimmte Ereignisse affektiv besetzt sind, dann können spätere ähnliche Ereignisse auch Emotionen auslösen. Der zufällige Blick eines anderen kann z. B. von einem Jugendlichen, der entsprechende Gewalterfahrungen in seinem Leben machen musste, als Angriff verstanden werden und eine heftige aggressive Haltung auslösen.

Sozial-emotionales Lernen als Gewaltprävention

Für die Prävention bietet das Kreismodell des sozialen Informationsaustauschs viele Möglichkeiten zur Intervention. Sozial erwünschtes Verhalten kann aufgrund derselben Zusammenhänge gelehrt werden, wie problematisches Verhalten erlernt wurde. Da sowohl die Wahrnehmung, das Erleben und die Phantasien über andere als auch die Emotionen die Begegnungen mit anderen Menschen regulieren und bei allen Schritten des Dialogs beteiligt sind, gibt es auch mehrere Ansatzpunkte zur Intervention.

Einer der wichtigsten Ansatzpunkte ist die Schulung der Wahrnehmung (Schritt 1). Die Wahrnehmung einer Situation und der damit einhergehenden Affekte ist sehr wichtig für die nachfolgenden Handlungen. Die Einstellung des Gegenübers lässt sich zum Beispiel an dessen Gefühlen in dieser Situation ablesen. Wenn das Gesicht und die Körpersprache Wut ausdrücken, wird man vorsichtiger reagieren. Ärger und Wut müssen dafür aber auch richtig erkannt werden und dürfen nicht mit Traurigkeit oder Schmerz verwechselt werden. Das zutreffende Erkennen der Gefühle von anderen ist für das soziale Funktionieren ganz entscheidend. Die Differenzierung und richtige Zuordnung von Gefühlen kann nachreifen, ist also einer Schulung zugänglich.

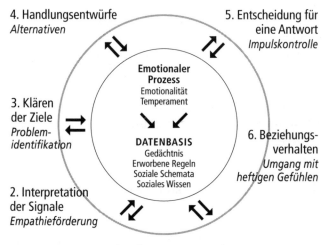

Abb. 3: Möglichkeiten, sozial-emotionales Lernen zu fördern

Ein Ereignis muss auch richtig interpretiert werden (Schritt 2). Eigene Sichtweisen aufgrund von leidvollen Vorerfahrungen können die Wahrnehmung verzerren und die Interpretation beeinflussen und eine spannungsreiche Situation in einem ganz anderen Licht erscheinen lassen. Die Interpretation von Ereignissen kann geübt werden, damit alternative Sichtweisen entstehen können. Diese so genannten Reflexions- bzw. Mentalisierungsprozesse sind wesentlich, um das zielgerichtete Handeln und die phantasierten Folgen von Handlungen als Probehandeln zu üben.

In Schritt 3 wird gelernt, welche Ziele erreicht werden sollen. Wie wichtig ist das Ziel der Ausleihe des Buches? Ist es beispielsweise wichtig genug, um vielleicht die Freundschaft aufs Spiel zu setzen? Schließlich kann auch das Handlungsrepertoire reflektiert und erweitert werden (Schritt 4), um zu einer größeren Flexibilität im eigenen Handeln zu kommen. Eine Flexibilität in der Antwort ist insbesondere dann gefordert, wenn heftige Gefühle in schwierigen Konfliktsituationen auftreten. Je mehr alternative Handlungen phantasiert werden können, umso mehr Lösungsmöglichkeiten in der Konfliktsituation ergeben sich. Kompromisse können so leichter gefunden werden. Wenn diese Handlungsalternativen nicht zur Verfügung stehen, kann es zu Kurzschlussreaktionen kommen. Manchmal reagiert ein sich als angegriffen Empfundener impulsiv und aggressiv. Er greift dann auf das Beziehungsschema des Durchsetzens zurück, das ihm eine schnelle Lösung verspricht, nämlich auf Gewalt. Allerdings geschieht dies um den Preis, dass diese Impulsivität auf Kosten der Mitmenschen erfolgt. Die andere Kurzschlussreaktion besteht in der schnellen Anpassung und Unterwerfung. Wegen einer mangelnden Anpassungsflexibilität können Handlungen unterdrückt werden, wenn z. B. jemand zu erregt in einer Situation ist und eigene impulsive Handlungen befürchtet. Auch wenn vom Kind gar keine Reaktion erfolgt, ist dies natürlich eine Antwort. Das Durchspielen möglicher Handlungsalternativen zum Vermeiden der beiden Kurzschlussreaktionen hört sich nach einem einfachen Rezept an. Tatsächlich muss es jedoch immer wieder geübt werden. Im FAUSTLOS-Curriculum werden diese Fähigkeiten im Rollenspiel vertieft und praktisch erfahrbar gemacht. Das Wissen über die alternativen Möglichkeiten reicht allein nicht aus. Die Strategien müssen durch Wiederholung und Verinnerlichung zum festen Inventar im Beziehungsrepertoire werden.

Das Lernen dieser Kompetenzen findet immer in Beziehungen als zwischenmenschliche Erfahrung statt. Die Verinnerlichung von funktionalen Beziehungserfahrungen in Konflikten führt zu einer empathischen Kompetenz bei den Kindern. Einer der gegenwärtig wichtigsten Psychoanalytiker, die sich mit Gewalt auseinandergesetzt haben, ist Peter Fonagy aus London. Er bezeichnet diese empathische Kompetenz als die „reflexive Funktion" beim Kind, die die folgenden Dimensionen enthält: Sich und andere als denkend und fühlend erleben zu können, die Reaktion anderer vorhersagen zu können, die Perspektive der anderen übernehmen zu können und die Veränderung von inneren Zuständen und deren Folgen reflektieren zu können. Mit der letztgenannten Dimension ist gemeint, dass der eigene innere Zustand, der mit einem bestimmten Gefühl verbunden ist, einem selbst einen Hinweis auf das Lösen eines Konfliktes liefert. Wenn man bei sich selbst feststellt, dass man traurig wird, empfindet man einen Verlust. Franziska würde mit diesem Traurigkeits-Signal möglicherweise ihre Handlung voraussehen, dass sie auf das Buch wird verzichten müssen. Wenn Daniel diese Traurigkeit bei sich feststellt, könnte dies für ihn einen Anreiz bilden, mit Franziska doch lieber einen Kompromiss zu suchen, um nicht zu riskieren, sie zu verlieren. Das Erkennen von Gefühlen ist also nicht nur beim Gegenüber notwendig. Um in Konfliktsituationen gute Lösungen zu finden, müssen auch die eigenen Gefühle beachtet werden.

Man könnte einwenden, dass diese Kompetenzen schon eine gut funktionierende Persönlichkeit bei einem Kind voraussetzen. Kinder mit der Kompetenz, Situationen angemessen wahrzunehmen und zu interpretieren, müssten schon über eine gute Vorstellung von sich selbst und von anderen verfügen, um in Kommunikationen klar, direkt und echt sein zu können. Dem ist durchaus zuzustimmen. Diese Kinder werden mit größerer Wahrscheinlichkeit auch weniger Schwierigkeiten bei Konflikten haben. Für die Gewaltprävention ist jedoch entscheidend, dass sozial-emotional schwächere Kinder diese einzelnen Schritte zur Konfliktlösung durch ständiges Wiederholen „nachholen" können, so dass ihre Persönlichkeit dadurch nachreift.

Die Bausteine des Curriculums FAUSTLOS

Bei Menschen, die in spannungsreichen Konfliktsituationen unangemessen rasch und in der Reaktion inadäquat aggressiv reagieren, fand man in vielen Untersuchungen Probleme in den Kompetenzen, die notwendig sind, um den Dialog aufrecht zu erhalten. FAUSTLOS will dazu beitragen, dass alle Kinder über die gleichen Möglichkeiten im sozialen Miteinander verfügen. Defizite im sozial-emotionalen Lernen sollen ausgeglichen werden. Das Curriculum umfasst Lektionen, in denen die einzelnen Dimensionen des Crick und Dodge-Modells aufgegriffen und durch Informationen und Übungen verinnerlicht werden. Welche spezifischen psychologischen Entwicklungsprozesse werden durch FAUSTLOS angestoßen?

FAUSTLOS fördert vor allem die *Empathiefähigkeit*. Die adäquate Wahrnehmung, insbesondere der unterschiedlichen Affekte und die Interpretation der Beziehungssituation ist für die Empathiefähigkeit eines Menschen wesentlich. Die Empathie zu fördern bedeutet, sich in die Gefühle und das Denken des Gegenübers hineinversetzen zu können und die Reaktionen des Anderen zu erahnen. Dies wird dann möglich, wenn man die Perspektive des Anderen zumindest für den Moment übernehmen kann und sich in seine Lage versetzt. Das Fördern der Empathie bei gefährdeten Personen gilt in der Gewaltforschung als eine der wichtigsten Möglichkeiten für die so genannte personenzentrierte Prävention, jenen vorbeugenden Maßnahmen, die unmittelbar am einzelnen Menschen ansetzen.

Als weitere Dimension wird in den Untersuchungen zur Gewaltentstehung in der kindlichen Entwicklung das Problem der *Impulskontrolle* hervorgehoben. Die Impulskontrolle hängt nicht nur mit der individuellen Spannungs- und Frustrationstoleranz zusammen, sondern auch mit der Fähigkeit, unterschiedliche Handlungsalternativen zuerst in der Phantasie und dann im Handeln durchspielen zu können. Auch die Fähigkeit, eine Entscheidung zu treffen, die möglicherweise zum eigenen

Nachteil sein könnte, gehört zu diesem Bereich. Gute Kompetenzen im Handlungsrepertoire und in der Impulskontrolle erhöhen die Problemlösefähigkeit.

Um mit den Konfliktsituationen emotional zurechtzukommen, ist schließlich ein angemessener *Umgang mit Ärger und Wut* notwendig. Schwierigkeiten im Umgang mit diesen heftigen und schwierig zu steuernden Gefühlen sind in zahlreichen Studien bei Menschen, die zu aggressivem Verhalten neigen, als Problembereich identifiziert worden. Kinder, die die genannten Fertigkeiten nicht in ihrem Beziehungsrepertoire haben, sind auch als Jugendliche und Erwachsene oftmals nicht in der Lage, kooperative Konfliktlösestrategien zu entwickeln, um sich in den zwischenmenschlichen Beziehungen angemessen und sicher bewegen zu können.

Zusammenfassend: Mit FAUSTLOS wird die Empathie der Kinder, ihre Fähigkeit zur Problemlösung und ihr Umgang mit heftigen Gefühlen gefördert, damit sie in zwischenmenschlichen Konflikten bestehen können, ohne auf Gewalt als Mittel zur Durchsetzung eigener Interessen zurückgreifen zu müssen.

FAUSTLOS versteht Empathie als ein „Set von Fähigkeiten und Fertigkeiten", das die Fähigkeit, die Gefühle anderer wahrzunehmen, zu verstehen und zu beantworten, einschließt. Empathie ist weder eine Tugend, noch eine rein geschlechtstypische Charaktereigenschaft. Sie kann zum großen Teil vermittelt werden.

FAUSTLOS fördert die Impulskontrolle mit Konzentration auf zwei Strategien: Das zwischenmenschliche Problemlösen wird gefördert und das Training sozialer Verhaltensfertigkeiten. Problemlösen erfolgt durch die Vermittlung systematischer Gedankenschritte, die in Konfliktsituationen eingesetzt werden. Das Training sozialer Verhaltensfertigkeiten vermittelt Verhaltensweisen wie „sich entschuldigen" oder „mitmachen", die in verschiedenen sozialen Situationen angewendet werden können, um Kinder selbstsicherer werden zu lassen.

FAUSTLOS versucht auch, Kinder im Umgang mit Ärger und Wut sicherer zu machen. Es geht darum, die Wahrnehmung der Auslöser von Ärger und Wut zu verbessern und nach konstruktiven Lösungen zu suchen. In besonders schwierigen Situationen hilft es aber auch, zuerst Beruhigungstechniken anzuwenden, um dann an die Problemlösung zu gehen. Wutanfälle können auch prophylaktisch verhindert werden, wenn die Kinder die Möglichkeit bekommen, über den Vorfall und die Konfliktsituation, die den Ärger ausgelöst haben, nachzudenken. Das Gefühl, auch in der heftigsten Situation ruhig nachdenken zu können, macht Kinder selbstsicher.

Der folgende Teil II macht Sie mit dem FAUSTLOS-Curriculum vertraut. In Kapitel 3 wird zunächst die Entstehung von FAUSTLOS beschrieben, dann das FAUSTLOS-Curriculum in seinem Aufbau detailliert dargestellt. Im Abschluss werden die Ergebnisse zur Evaluation zusammen gefasst. In den darauf folgenden Kapiteln wird dann auf die Einheiten von FAUSTLOS näher eingegangen.

Teil II

Wie FAUSTLOS in Kindergärten und Schulen unterrichtet wird

Kapitel 3

Das Curriculum FAUSTLOS

Vorteile vorbeugender Maßnahmen in Kindergärten und Schulen

Viele Wissenschaftler fordern die Ausdehnung der Prävention von der Familie auf den (vor)schulischen Bereich, um breitenwirksam gerade diejenigen Kinder zu erreichen, die in ihren Herkunftsfamilien nicht auf die notwendigen Ressourcen zurückgreifen können.

Die bei Gewalt in der Familie meistens anzutreffende Überforderung von Familien führte in den letzten Jahren dazu, dass die außerfamiliären Möglichkeiten immer häufiger genutzt werden. Viele Kinder erhalten so eine zweite Chance in einem anderen für sie wesentlichen Beziehungszusammenhang. Die unabhängige Regierungskommission der BRD zur Verhinderung und Bekämpfung von Gewalt („Gewaltkommission") forderte bereits vor über 10 Jahren ein entsprechendes Umdenken. Dort heißt es: „Die Schule muss sich auf ihren Erziehungsauftrag zurückbesinnen. Der Erziehungsaspekt und die Vermittlung gesellschaftlicher Normen müssen gegenüber der Wissensvermittlung wieder stärker in den Vordergrund treten. Lehrer müssen in ihrer Ausbildung wieder besser auf ihre Erzieherrolle vorbereitet werden".

Kindergärten und Schulen bieten sich aus mehreren Gründen als Ansatzpunkte für vorbeugende Maßnahmen an. In den Schulen können alle Kinder erreicht werden, die Breitenwirksamkeit ist gewährleistet. Die Gruppensituation in einer Klasse erlaubt es außerdem, dass sich die primäre Prävention an alle Kinder richten kann und kein Kind durch eine Sonderbehandlung ausgegrenzt wird. Angenommen wird, dass diejenigen Kinder, die soziale und emotionale Defizite aufweisen, von diesen

Interventionsprogrammen besonders profitieren. Diese Annahme konnte inzwischen auch durch viele Forschungsergebnisse gestützt werden. Kindergärten und Schulen sind in der Regel stabile Institutionen, so dass die Präventionsprogramme über mehrere Jahre langfristig angelegt werden können. Auch die Beziehungen zwischen den Kindern und den Erzieherinnen bzw. Lehrerinnen entwickeln sich über Jahre, so dass die Erziehenden zu Identifikationsfiguren für die Kinder werden. Schulen und Kindergärten sind auch ein idealer Raum, in dem viele Konfliktsituationen auftreten, die unmittelbar als Beispiele für die Prävention aufgegriffen werden können. Dies ermöglicht ein direktes und permanentes Umsetzen des Gelernten auf konkrete soziale Situationen.

Außerfamiliäre Lernerfahrungen führen bei Kindern oft zu einem Alternativmodell für den Umgang mit konflikthaften Beziehungen. Programme werden in Kinderkrippen, Kindergärten und Grundschulen angesiedelt und von den Erziehenden übernommen. Für diese Programme sollten bestimmte Leitlinien gelten: Sie sollten

- auf anerkannten Erziehungstheorien basieren;

- auf das Alter, auf die pädagogischen und entwicklungspsychologischen Reifestufen des Kindes abgestimmt sein;

- Konzepte bereitstellen, die das kindliche Selbstwertgefühl erhöhen, damit die Kinder besser mit allen möglichen Gefahren zurechtkommen und sich schützen können;

- mehrere Komponenten enthalten, die über Jahre aufeinander aufbauen;

- Vermittler bereit stellen, die Rollenspiele und verhaltensorientierte Übungen mit aktiver Beteiligung einbringen können;

- Eltern, Lehrer, Schlüsselinstitutionen und das ganze Umfeld mit einbeziehen.

Die Leitlinien zu den Curricula zur Gewaltprävention sind so formuliert, dass es bei der Förderung des sozial-emotionalen Lernens inhaltlich sowohl um die Verhinderung der Täterschaft als auch um den Opferschutz geht. Gehemmte Kinder, die häufiger Opfererfahrungen machen, können so besonders profitieren und konfliktfähiger werden. Sie werden sich in den Konflikten besser behaupten und sich dadurch schützen.

Obwohl sich Kindergärten und Schulen aus den genannten Gründen als Orte der Gewaltprävention anbieten, darf und kann die Schule nicht der einzige Ort sein, von dem Veränderungen ausgehen. Diese Institutionen können nicht zum „Reparaturbetrieb" für alle Versäumnisse aller anderen gesellschaftlichen Instanzen, insbesondere der Familien werden. Entscheidend ist deshalb eine gelungene Kooperation von Schule, Eltern, Freizeiteinrichtungen usw., also den zentralen Sozialisationsinstanzen für Kinder. In Teil III wird dargestellt, wie Eltern und Schule zusammenarbeiten können, um das sozial-emotionale Lernen der Kinder gemeinsam zu fördern.

Kindergarten und Schule bestimmen jedoch über einen langen und entwicklungspsychologisch entscheidenden Zeitraum das Leben von Kindern und Jugendlichen und haben dadurch einen starken Einfluss auf ihr Verhalten. Kindergärten und Schulen sind deshalb ein wichtiger Ort für die Entwicklung sozial-emotionaler Kompetenzen von Kindern und für die Umsetzung gewaltpräventiver Maßnahmen.

Der Aufbau von FAUSTLOS

Allerdings sind weder die Erzieherinnen in den Kindergärten noch die Lehrerinnen in den Schulen in ausreichendem Maße auf diese Anforderungen der Vermittlung von Beziehungskompetenzen vorbereitet. Sie benötigen zu ihrer Unterstützung spezielle entwicklungspsychologisch fundierte Curricula, verbunden mit Einführung und Schulung.

Genau das bietet FAUSTLOS, die deutsche Version des US-amerikanischen Programms *Second Step*, das vom Committee for Children in Seattle (Beland 1988; 1991[1]) entwickelt wurde und seit 15 Jahren in vielen US-amerikanischen Bundesstaaten erfolgreich angewendet wird. Insgesamt 15 000 Schulen haben sich dort bislang entschlossen, das sozial-emotionale Lernen mit Second Step zu fördern. In den deutschsprachigen Ländern liegt FAUSTLOS als Grundschulversion seit 2001 und als Kindergarten-Version seit 2002 vor. Über acht Jahre lang wurden in Pilotstudien (mit der finanziellen Unterstützung des Bundesfamilienministeriums und des Kultusministeriums Baden-Württemberg) zusammen mit vielen Erzieherinnen und Lehrerinnen in Göttingen, Heidelberg und Mannheim Vorversionen erarbeitet. Die mehrfachen Überarbeitungen des Materials (auch der Fotos) waren notwendig, um die Originalversion dem hiesigen kulturellen Hintergrund anzupassen und den Stoff so zu gestalten, dass die Lehrkräfte von „ihrem" Curriculum sprechen konnten und auch genügend Freiräume besaßen, um ihren persönlichen Unterrichtsstil einbringen zu können. Dieses basisorientierte Vorgehen stellte sicher, dass die Lehrkräfte die Experten für das sozial-emotionale Lernen wurden.

Für die Erzieherinnen und Lehrerinnen liegt jeweils ein Koffer mit Materialien vor, der ihnen für das Unterrichten im Sozial-emotionalen Lernen an die Hand gegeben wird. In den Koffern befinden sich die Ordner für die Transparenz-Folien bzw. Photokarten, ein Handbuch und ein Anleitungsheft für die einzelnen Lektionen. Im Koffer für den Kindergarten sind noch zwei Stofftiere „Wilder Willi, Ruhiger Schneck" enthalten, die in der Aufwärmphase der Lektionen zum Einsatz kommen oder mit denen die einzelnen Übungen gespielt werden können.

---

[1] Beland K (1988a) Second Step. A violence-prevention curriculum. Grades 1–3. Seattle: Committee for Children.
Beland K (1988b) Second Step, grades 1–3: Summary report. Seattle: Committee for Children.

FAUSTLOS ist untergliedert in drei Einheiten: Empathieförderung, Problemlösung und Umgang mit Ärger und Wut. Im Aufbau wurde berücksichtigt, dass zur Gesprächsführung die Techniken des einfühlsamen Zuhörens und des Erkennens von Gefühlen notwendig sind. In der zweiten Einheit können diese Techniken bei der Problemlösung angewendet werden. Zum Lösen von Problemen werden in dieser Einheit verschiedene Schritte angeboten. Wenn die Konflikte mit heftigeren Gefühlen wie Ärger und Wut verbunden sind, benötigt man noch zusätzliche Strategien, die in der dritten Einheit vorgestellt werden. Das Curriculum FAUSTLOS vermittelt Fertigkeiten in allen drei Einheiten, die nachfolgend zusammengefasst werden:

I. Empathie

Empathie lässt sich beschreiben als die Fähigkeit, den eigenen und den emotionalen Zustand eines anderen Menschen bestimmen, die Perspektive einer anderen Person übernehmen und auf eine andere Person emotional reagieren zu können. Die Fähigkeit zur Empathie bildet sich bei Kindern bereits in der frühen Kindheit (1–4 Jahre) aus. Störungen in der Entwicklung der Empathiefähigkeit können vor allem durch das Fehlen einer versorgenden und empathischen Bezugsperson auftreten. Dieser Mangel oder extrem belastende emotionale Erlebnisse, wie z.B. Missbrauch oder Vernachlässigung können dazu führen, dass Kinder Abwehrmechanismen entwickeln, die ihre Fähigkeit zur Empathie vermindern.

Da der Empathiefähigkeit zentrale Bedeutung in der Entwicklung prosozialen Verhaltens und zwischenmenschlicher Problemlösestrategien zukommt, bildet das Empathietraining die Basis von FAUSTLOS. Die Unterrichtsstrategien, die zum Erwerb und zur Steigerung der Empathie entwickelt wurden und die in FAUSTLOS Anwendung finden, basieren auf Untersuchungsergebnissen, die belegen, dass Empathie ein erlerntes

bzw. erlernbares Verhalten ist. Dementsprechend lernen Kinder aus Grundschule und Kindergarten im Empathietraining
- aus einer Reihe von physischen und situativen Anhaltspunkten Gefühle zu identifizieren;
- wahrzunehmen, dass Menschen unterschiedliche Gefühle in Bezug auf die gleiche Sache haben können;
- wahrzunehmen, dass Gefühle sich ändern und zu erfahren, warum das so ist;
- einfache Kausalzusammenhänge zu erkennen, um Gefühle vorhersagen zu können;
- zu verstehen, dass Menschen unterschiedliche Vorlieben und Abneigungen haben;
- gezielte Handlungen von ungezielten zu unterscheiden;
- Gefühle durch die Verwendung von „Ich"-Botschaften mitzuteilen und über aktives Zuhören zu erfassen;
- Sorge und Mitgefühl für andere auszudrücken.

II. Impulskontrolle

Die Impulskontrolle ist eine wesentliche Fähigkeit, um impulsives und aggressives Verhalten zu reduzieren. Mit der Vermittlung eines kognitiven Problemlöseverfahrens und mit dem Training sozialer Verhaltensfertigkeiten verbindet FAUSTLOS zwei Strategien, die Kinder in der Entwicklung der Impulskontrolle fördern. Als sozial-emotionales Lernen werden Möglichkeiten zur Problemlösung in fünf Schritten vermittelt:

Schritt 1: Was ist das Problem?

Schritt 2: Welche Lösungen gibt es?

Schritt 3: Frage dich bei jeder Lösung:
    Ist sie ungefährlich?
    Wie fühlen sich die Beteiligten?
    Ist sie fair?
    Wird sie funktionieren?

Schritt 4: Entscheide dich für eine Lösung und probiere sie aus.
Schritt 5: Funktioniert die Lösung? Wenn nicht, was kannst du jetzt tun?

Die einzelnen Schritte werden systematisch nacheinander erarbeitet. Im ersten Schritt lernen die Kinder, Probleme anhand mimischer, gestischer und situativer Hinweise zu beschreiben. Dabei kommt es darauf an, die Problemstellung neutral bzw. so zu formulieren, dass die Perspektiven aller an dem Problem beteiligten Personen darin zum Ausdruck kommen. Im zweiten Schritt lernen die Kinder die Methode des „Brainstormings" kennen. Das Brainstorming dient der Entwicklung von Lösungsmöglichkeiten. Hier ist zunächst nicht die Art oder Qualität der Lösungsvorschläge entscheidend. Wichtig ist, dass die Kinder lernen, möglichst viele Lösungsmöglichkeiten zu entwickeln, ohne diese bereits zu bewerten. Um die Auswertung der gefundenen Lösungen anhand von vier Fragen geht es erst im dritten Schritt. Der vierte Schritt verlangt dann von den Kindern die Entscheidung für eine Lösung, die sie auf der Grundlage der Informationen aus ihrer Auswertung treffen sollen. Im fünften Schritt überprüfen die Kinder die Wirksamkeit der jeweiligen Lösung und reflektieren den Problemlöseprozess. Falls die gewählte Lösung nicht den gewünschten Erfolg zeigt, setzt der Problemlöseprozess wieder beim zweiten Schritt ein.

Um den Gebrauch des Problemlöseverfahrens einüben zu können, bieten die Lektionen zur Impulskontrolle eine Reihe von fiktiven Problemsituationen, die die Kinder lösen sollen. Wesentliches Element bei der Problemlösung ist die Technik des „lauten Denkens". Dabei führen die Kinder einen Dialog mit sich selber, in dem sie die Fragen des Problemlöseverfahrens und die Antworten aussprechen. Untersuchungen haben ergeben, dass diese Form des sprachlichen Ausdrucks die Erinnerung, das Bewusstwerden, das Lernen von Unterschieden und die Fähigkeit zur Kontrolle im motorischen Verhalten fördern.

Das FAUSTLOS-Curriculum enthält auch das Üben von Möglichkeiten, sich angemessen zu verhalten. Dieses Training soll den Kindern ermöglichen, sich in sozialen Situationen angemessen und positiv verhalten zu können. Die entsprechenden Lektionen enthalten Problemsituationen, zu deren Lösung das erlernte Problemlöseverfahren angewendet werden kann. So soll z. B. in einer Lektion das Problem gelöst werden, das sich einem Kind stellt, wenn es mit einem Spielzeug spielen möchte, mit dem gerade ein anderes Kind spielt. Dazu werden zunächst die Problemlösefragen gestellt und beantwortet. Nach der Auswertung der Lösungsvorschläge entscheiden die Kinder sich im vierten Schritt dafür, zu teilen. Zusammen mit den Kindern werden nun konkrete Verhaltensschritte für das „Teilen" entwickelt. In einem anschließenden Rollenspiel soll das Gelernte umgesetzt werden. Situationen zum Erlernen angestrebter Verhaltensfertigkeiten zur Impulskontrolle für Grundschulkinder sind:

– Bei etwas mitmachen/mitspielen wollen

– Ablenkungen und Störungen ignorieren

– Jemanden höflich unterbrechen

– Jemanden freundlich um Hilfe bitten

– Etwas haben wollen, was einem nicht gehört

– Ein Spiel spielen

– Um Erlaubnis fragen

– Sich entschuldigen

– Mit dem Druck von Gleichaltrigen umgehen

– Der Versuchung zu stehlen widerstehen

– Der Versuchung zu lügen widerstehen

III. Umgang mit Ärger und Wut

In dieser Einheit werden Techniken zum Umgang mit heftigen Gefühlen vermittelt, die von den Kindern häufig als Stress erlebt werden. Das für die Interventionsarbeit mit aggressiven

Jugendlichen und Erwachsenen entwickelte Verfahren hat sich auch als wirkungsvolle Präventionsform für Kinder erwiesen. Die Techniken beinhalten Komponenten zur körperlichen Entspannung und kognitive Strategien zum Problemlösen. Sie zielen darauf ab, die Wahrnehmung der Auslöser von Ärger mit dem Gebrauch positiver Selbst-Verstärkungen und mit Beruhigungstechniken zu verbinden. So können Wutanfälle verhindert werden, und die Kinder haben die Möglichkeit, über den Vorfall nachzudenken, der den Ärger ausgelöst hat. Wie schon bei der Impulskontrolle dient auch hier das „laute Denken" zur Verhaltenssteuerung. Für den Umgang mit Ärger und Wut lernen die Kinder folgendes Verfahren:

1. Wie fühlt sich mein Körper an?
2. Beruhige dich:
   - Hole dreimal tief Luft.
   - Zähle langsam rückwärts.
   - Denke an etwas Schönes.
   - Sage „Beruhige dich" zu dir selber.
3. Denke laut über die Lösung des Problems nach.
4. Denke später noch einmal darüber nach.

Im ersten Schritt lernen Kinder, körperliche Anzeichen für Ärger und Wut zu identifizieren bzw. Ärgergefühle auf der Basis körperlicher Empfindungen zu erkennen und auszudrücken. Der zweite Schritt dient der Reduktion der Ärgergefühle durch vier aufeinander folgende Beruhigungstechniken. Die Ärgerreduktion ist die Voraussetzung für den nächsten Schritt, in dem die Kinder das Problemlöseverfahren (siehe Impulskontrolle) anwenden. Abschließend wird der Prozess reflektiert.

Wie beim Problemlösen in der Einheit II eignet sich auch dieses Verfahren zum Umgang mit Ärger und Wut zur Vermittlung spezifischer Verhaltensfertigkeiten. Das sind beispielsweise im Kindergarten die folgenden Lektionen:

1. Lektion: Bin ich wütend?
2. Lektion: Sich beruhigen
3. Lektion: Umgang mit Verletzungen
4. Lektion: Umgang mit Beschimpfungen und Hänseleien
5. Lektion: Umgang damit, etwas weggenommen zu bekommen
6. Lektion: Umgang mit der Tatsache, etwas nicht zu bekommen, was man will

Wie wird FAUSTLOS unterrichtet? – Vorgehensweisen und Methoden

FAUSTLOS wurde sowohl für den Kindergarten als auch für die Grundschule entwickelt, um die unterschiedlichen alters- und entwicklungsabhängigen Fähigkeiten und Lernvoraussetzungen zu berücksichtigen. Das Curriculum für den Kindergarten vermittelt die o.g. Einheiten in insgesamt 28 Lektionen. Das Curriculum für die Grundschule besteht aus insgesamt 51 Lektionen, sieht aber für jede Klassenstufe spezifische und von den Inhalten her immer komplexer werdende Lektionen zur Empathie, Impulskontrolle und zum Umgang mit Ärger und Wut vor. Diese Differenzierung gewährleistet eine altersadäquate, vor allem aber eine kontinuierliche Vermittlung sozialer Fertigkeiten. Idealiter wird ein Kind im Kindergarten zum ersten Mal in FAUSTLOS unterrichtet und erhält dann in der Grundschule in jedem Schuljahr weitere, aufeinander aufbauende Lektionen.

Tabelle 1:
Reihenfolge und Inhalte der Lektionen für den Kindergarten

Empathie

1. Lektion: Was ist FAUSTLOS?
2. Lektion: Gefühle (Freude, Trauer, Wut)
3. Lektion: Gefühle (Überraschung, Angst, Ekel)
4. Lektion: Gleich oder anders
5. Lektion: Gefühle ändern sich
6. Lektion: Wenn – dann
7. Lektion: Jetzt nicht – vielleicht später
8. Lektion: Missgeschicke
9. Lektion: Was ist fair?
10. Lektion: Ich fühle mich ...
11. Lektion: Aktives Zuhören
12. Lektion: Ich kümmere mich

Impulskontrolle

1. Lektion: Beruhigen – innehalten und nachdenken
2. Lektion: Was ist das Problem?
3. Lektion: Was kann ich tun?
4. Lektion: Eine Idee auswählen
5. Lektion: Funktioniert es so? Klappt es?
6. Lektion: Teilen
7. Lektion: Sich abwechseln
8. Lektion: Aushandeln
9. Lektion: Zuhören – aufmerksam sein
10. Lektion: Jemanden höflich unterbrechen

Umgang mit Ärger und Wut

1. Lektion: Bin ich wütend?
2. Lektion: Sich beruhigen
3. Lektion: Umgang mit Verletzungen

4. Lektion: Umgang mit Beschimpfungen und Hänseleien
5. Lektion: Umgang damit, etwas weggenommen
zu bekommen
6. Lektion: Umgang mit der Tatsache, etwas nicht
zu bekommen, was man will

insgesamt 28 Lektionen

Tabelle 2:
Abfolge von Einheiten und Lektionen in der Grundschule

Empathie	Lektionen		
	1. Klasse	2. Klasse	3. Klasse
Einheit I Empathieförderung	1–7	8–12	13–17
Einheit II Impulskontrolle	1–8	9–14	15–19
Einheit III Umgang mit Ärger und Wut	1–7	8–11	12–15
Insgesamt	22	15	14

Jede Lektion bezieht sich auf eine Fähigkeit, die die Kinder lernen sollen, und nimmt ca. 20 Minuten im Kindergarten, in der Schule zwischen 30 und 45 Minuten in Anspruch. Da die Lektionen aufeinander aufbauen, sollen sie in der vorgegebenen Reihenfolge unterrichtet werden.

Für die Durchführung in Schule und Kindergarten hat sich das Unterrichten von einer Lektion pro Woche als optimal erwiesen. Bei dieser Frequenz benötigen Lehrerinnen und Erzieherinnen für die vollständige Durchführung des Curriculums im Kindergarten ca. 28 Wochen, in der Schule verteilen sich die Lektionen auf die einzelnen Klassenstufen. In der ersten Klasse (oft wird FAUSTLOS erst in der 2. Klasse begonnen, weil sich die Kinder im ersten Jahr in die Schule eingewöhnen!) sind es

22, in der zweiten 15 und dann in der dritten 14 Lektionen. In der Grundschule finden die Lektionen oft alle 14 Tage statt.

Tabelle 2 für die Grundschullektionen zeigt, wie wichtig es ist, dass die Lektionen in der angegebenen Reihenfolge stattfinden. Die Empathielektionen in der Grundschule bauen z. B. aufeinander auf und sind entsprechend der entwicklungspsychologischen Reife sortiert. Man darf eine Lektion, die eigentlich für die dritte Klassenstufe gedacht ist, nicht vorwegnehmen.

Die Lektionen liegen den Erzieherinnen und Lehrerinnen in einer vollständig ausgearbeiteten Form vor. Zu jeder Lektion gibt es im Kindergarten eine große Photokarte und in der Grundschule eine Overhead-Folie. Jede Lektion untergliedert sich in vier Teile:

1. Den *Vorbereitungsteil* für Lehrerinnen bzw. Erzieherinnen. Er enthält lektionsspezifische Informationen über die Zielsetzung, wichtige sprachliche Konzepte und entwicklungspsychologische Hintergründe.

2. Das *Unterrichten der Lektion:* Anhand der Szene auf einem Photo wird eine Geschichte entwickelt und diese dann mit den Kindern diskutiert. Auf jedem Photo ist eine Situation abgebildet, die das Thema der Lektion darstellt.

3. *Rollenspiele und Übungen,* die der Übung und Vertiefung des Gelernten dienen. Um das Lernen prosozialer Fähigkeiten zu fördern, wird den Kindern anschließend an die Geschichte und die Diskussion von den Erziehenden ein Modellrollenspiel vorgeführt: Die Lehrerin bzw. Erzieherin stellt alleine oder mit einem Kind zusammen eine Situation passend zum Thema der Lektion dar.

4. Die *Übertragung des Gelernten.* Sie erfolgt mit Hilfe von Hausaufgaben für zu Hause oder außerschulische Situationen.

Für den Erfolg von FAUSTLOS ist es notwendig, dass die Kinder lernen, die erworbenen Fertigkeiten in realen Situationen anzuwenden. Deshalb sollen die gelernten Fähigkeiten im Anschluss an die Lektion über den Tag hin weiter vertieft, verstärkt und auch auf andere Situationen übertragen werden. Ideal ist es, wenn die Lehrerin bzw. Erzieherin den Tag über darauf achtet, dass sie die in der Lektion gelernten Inhalte auch weiterhin betont, anspricht und auch auf andere Gegebenheiten anwendet.

FAUSTLOS bietet den Lehrerinnen und Erzieherinnen einen einfachen Drei-Schritte-Plan an, um die Kinder dabei zu unterstützen, die neu erworbenen Fähigkeiten auf reale Gegebenheiten zu übertragen:

1. Den Tag vorphantasieren: Zu Beginn des Tages sollte mit den Kindern zusammen überlegt werden, bei welchen Gelegenheiten während des Tages sie bestimmte Fertigkeiten des Curriculums anwenden können.
2. Verstärkung des Verhaltens: Während des Tages soll das neue Verhalten von den Erzieherinnen bzw. Lehrerinnen wahrgenommen und verstärkt werden. Diese Verstärkung kann natürlich (auf die Vorteile, die Fähigkeiten zu gebrauchen, aufmerksam machen) oder geplant (loben, belohnen) sein.
3. Den Tag Revue passieren lassen: Am Abschluss des Tages sollte mit den Kindern darüber gesprochen werden, ob und wann sie gelernte Fähigkeiten angewendet und welche Erfahrungen sie dabei gesammelt haben.

Wer unterrichtet FAUSTLOS?

FAUSTLOS sollte in den Kindergartengruppen durch die Erzieherinnen, in den Schulklassen möglichst durch die Klassenlehrerinnen eingeführt werden. Beratungslehrerinnen und Sozialarbeiterinnen können dabei eine wichtige unterstützende Funktion übernehmen. Weil das Programm manualisiert und auf die pädagogische Fachkompetenz der Lehrkräfte zugeschnitten ist, kann direkt im Anschluss an die Fortbildung mit der praktischen Arbeit begonnen werden. Nach den Erfahrungen der Autorinnen der Originalversion „Second Step" und auch nach unseren eigenen Erfahrungen erhöht sich der Effekt des Präventionsprogramms, wenn die Erzieherinnen bzw. Lehrerinnen im Umgang mit den Materialien eingewiesen werden und die Rollenspiele trainieren. In Kapitel 10 wird das 1-tägige Training für die Lehrkräfte durch das Heidelberger Präventionszentrum näher beschrieben.

Die Freude der Kinder, Erzieher und Lehrer am Curriculum

Ganz wesentlich ist, dass die Kinder in den FAUSTLOS-Stunden viel Spaß haben. In der Regel freuen sie sich auf die FAUSTLOS-Stunde. Dabei spielt natürlich die Abwechslung im Schulalltag eine Rolle. Im Kindergarten wird die FAUSTLOS-Stunde meistens durch ein bestimmtes Signal, z. B. einen Gong, „eingeläutet". Die Kinder sind engagiert beim Lösen der Konfliktkonstellationen und wissen in der Regel viele Beispiele aus ihrem Leben zu berichten. Darüber hinaus genießen sie natürlich ganz besonders die Rollenspiele, vor allem wenn die Übung von der Erzieherin bzw. der Lehrerin vorgespielt wird.

In einer wissenschaftlichen Befragung der Lehrerinnen bewerteten diese die Unterrichtsmaterialien und die Rollenspiele durchweg als sehr gut bis gut. Sowohl ihnen als auch den Schülerinnen und Schülern gefiel das Curriculum insgesamt gut bis sehr gut. Durch die FAUSTLOS-Lektionen habe sich das Sozialverhalten der Schülerinnen und Schüler verbessert, und auch bezüglich ihres aggressiven Verhaltens zeigten sich aus der Sicht der Lehrerinnen positive Effekte. Die insgesamt sehr positive Gesamtbeurteilung des Curriculums durch die Lehrerinnen zeigte sich auch darin, dass 77 % der Lehrerinnen angaben, „FAUSTLOS" auch in ihren nächsten Klassen einzusetzen. Dies vor allem deshalb, weil sich die Lektionen deutlich spürbar auf das Klassenklima und das Sozialverhalten ausgewirkt hätten, was sich wiederum positiv im Lernklima niederschlage. Aufgrund dieser positiven Gesamteinschätzungen hatten 80 Prozent der Lehrerinnen das Curriculum ihren Kolleginnen und Kollegen weiterempfohlen. Bemerkenswert waren zudem die Anmerkungen einiger Lehrerinnen, die FAUSTLOS auch als „Hilfe und Bereicherung" für sich selbst empfanden. Sie forderten, dass das Curriculum „im Bildungsplan von Grund- und Hauptschulen verankert" sein sollte, und wünschten sich weitere, vertiefende Fortbildungen zum Thema.

Die nachhaltige Wirksamkeit des Programms ist umso größer, je mehr die Lehrkräfte es zu ihrem eigenen machen, die Inhalte mit ihrem individuellen Unterrichtsstil vermitteln und die Lektionen auf die jeweiligen Bedürfnisse der Klasse zuschneiden. Dieser Aspekt wird deshalb auch in den Fortbildungen in den Vordergrund gerückt. Wird FAUSTLOS als Bestandteil der Schulkultur etabliert, so ist damit zu Anfang ein zeitlicher Mehraufwand verbunden, der jedoch schon bald zu einer Zeitersparnis führt, weil die Kinder mehr und mehr in der Lage sind, Streitigkeiten miteinander zu lösen, ohne dafür jedes Mal die Lehrkraft als schlichtende Instanz heranzuziehen. Dadurch bleibt mehr Zeit für den Unterricht und damit auch für die Kinder, die ein besonderes Maß an Zuwendung benötigen, aufgrund der vielfältigen sozialen Anforderungen des Schulunterrichts aber oft zu kurz kommen. Treten während der Durchführung des Programms Fragen oder Probleme auf, so können sich die Lehrkräfte direkt an das Heidelberger Präventionszentrum wenden, das auch Supervisionsveranstaltungen anbietet.

Evaluationsergebnisse

Qualitätssicherung auch im Sinne begleitender Studien zur Überprüfung der Wirksamkeit ist integrativer Bestandteil von FAUSTLOS bzw. Second Step. Die Effektivität von Präventionsprogrammen in den Kindergärten und Schulen ist unbestritten (Beelmann u. a. (1994). Wilson u. a. (2003) betonen in einem großen Übersichtsartikel über fast 400 Untersuchungen zum sozial-emotionalen Lernen, dass die Programme bei allen Kindern, am deutlichsten aber vor allem bei Hochrisiko-Kindern zu einer Verbesserung der sozial-emotionalen Kompetenzen führen. Ein weiteres wichtiges Ergebnis ist, dass die Programme dann sehr wirksam werden, wenn die Erziehenden gut trainiert werden.

Es gibt aber auch eine Reihe von Studien, die speziell mit Second Step oder mit FAUSTLOS durchgeführt wurden. Alle diese Studien müssen mit einer Kontrollgruppe von Schülern geplant werden, die im gleichen Zeitraum kein sozial-emotionales Förderprogramm erhält. Alle Kinder gewinnen in diesem Zeitraum an Kompetenz, weil sie sich entwickeln und reifen. Deshalb sind immer Vergleichsgruppen notwendig, um die Effekte auch zweifelsfrei auf das Programm rückführen zu können. In den Pilotstudien zum Original-Curriculum konnte bereits gezeigt werden, dass sich Second Step förderlich auf die Vorhersage von Konsequenzen, Ärger-Management und Brainstorming-Fähigkeiten auswirkt (Beland 1988). Auch mit der ersten deutschsprachigen Version des Curriculums verbesserten sich die sozialen Kompetenzen der Kinder und sie lehnten aggressive Verhaltensweisen als Mittel der Konfliktlösung verstärkt ab (vgl. Hahlweg u. a. 1998). Die amerikanischen Forscher fanden in ihren Studien, dass die Teilnahme an Second Step körperliche und verbale Aggressionen der Kinder verminderte und zu einer Steigerung prosozialer und neutraler Interaktionen führte (Grossman (1997), McMahon u. a. (2000), Frey u. Nolen 2003). „Second Step-Kinder" lenken andere Kinder weniger häufig ab und stören weniger, sie können Gefühle besser identifizieren und die Folgen von Handlungen besser vorhersagen als Kinder ohne Second Step-Unterricht.

FAUSTLOS hat eine spezifische angstreduzierende Wirkung, die in hohem Maße einen Transfer der neu hinzugewonnenen Kompetenzen in den Alltag der Kinder unterstützt (Schick

u. Cierpka 2003). Bemerkenswert ist dies vor allem deshalb, weil hier Effekte auf der emotionalen Ebene erzielt werden, die grundlegend für eine Verbesserung des Sozialverhaltens sind. Insgesamt zeigten sich in dieser Studie für ein Präventionsprogramm recht große Effekte.

Soeben wurde eine Studie mit dem Kindergarten-Curriculum abgeschlossen (Schick und Cierpka 2004). Dieses Mal konnte eine Abnahme der verbalen Aggression bei den „FAUSTLOS-Kindern" festgestellt werde. Außerdem sind sie sicherer in der Identifizierung von Gefühlen und mutiger in den Konflikten. Diese Studie kann von der Homepage www.faustlos.de als pdf-Datei kostenfrei heruntergeladen werden."

Literatur zu den Evaluationsergebnissen

Beelmann, A, Pfingsten, U, Lösel, F. (1994) Effects of training social competence in children: A meta-analysis of recent evaluation studies. Journal of Clinical Child Psychology ; 23(3):260–271.

Beland, K. (1988). Second Step. A violence-prevention curriculum. Grades 1–3. Seattle: Committee for Children.

Frey, K.; Nolen, B. (2003) Evaluating a schoolbased social competence program: Linking behavior, goals and attributions. University of Washington, Seattle, unpublished paper.

Grossman, D. C., Neckerman, H. J., Koepsel, T. D., Liu, P.-Y., Asher, K. N., Beland, K., Frey, K. & Rivara, F. P. (1997). Effectiveness of a violence prevention curriculum among children in elementary school. Journal of the American Medical Association, 277(20), 1605–1611.

Hahlweg, K., Hoyer, H., Naumann, S. & Ruschke, A. (1998). Evaluative Begleitforschung zum Modellprojekt „Beratung für Familien mit einem gewaltbereiten Kind oder Jugendlichen". Abschlussbericht, Technische Universität Braunschweig

McMahon, S. D., Washburn, J., Felix, E. D., Yakin, J. & Childrey, G. (2000). Violence prevention: Program effects on urban preschool and kindergarten children. Applied & Preventive Psychology, 9, 271–281.

Schick, A, Cierpka, M. (2003) Faustlos: Evaluation eines Curriculums zur Förderung sozial-emotionaler Kompetenzen und zur Gewaltprävention in der Grundschule. Kindheit und Entwicklung 12: 100–110.

Schick, A., Cierpka, M. (2004) Evaluation „FAUSTLOS in Kindergärten". Schriftenreihe der Landesstiftung Baden-Württemberg, Stuttgart.

Wilson, S.J., Lipsey, M.W., Derzon, J.H.(2003) The effects of school-based intervention programs on aggressive behavior: A meta-analysis. J Consult Clin Psychol 71:136–149.

Die nächsten Kapitel veranschaulichen, wie die Fähigkeit zu Empathie, zu Problemlösung und Impulskontrolle und zu einem angemessenen Umgang mit heftigen Gefühlen systematisch gefördert werden kann. Es wird gezeigt, dass sozial-emotionales Lernen im Unterricht genauso gelehrt werden kann wie Lesen und Rechnen.

Kapitel 4

Sich in andere einfühlen – die Empathie

Entwicklung von Empathie

Sympathie ist lediglich ein Mitgefühl, das man für das Schicksal eines anderen Menschen empfinden kann, ohne die Gefühle des anderen teilen zu müssen. Empathie geht darüber hinaus. Empathie ist die Teilhabe an der Emotion oder auch Intention des anderen. Man schwingt emotional mit, wenn man sich in den Anderen einfühlt und eindenkt. Die Fähigkeit sich in andere Menschen einfühlen zu können, kann auch beinhalten, dass man etwas Fremdes beim Gegenüber nachempfindet, das man im eigenen Erleben erst noch entdecken muss. Empathie wird bei einem selbst aufgrund einer Reaktion des Gegenübers oder durch dessen Ausdrucksverhalten hervorgerufen oder auch durch seine Situation.

Die Menschen verfügen in der Regel über sehr feine Antennen, um die Gefühle von anderen zu erkennen. Dies ist auch notwendig, wenn man sich im zwischenmenschlichen Raum sicher bewegen und zurechtfinden möchte. Um die Gefühle einer anderen Person zu erfassen, achtet man nicht nur auf ihre sprachlichen Äußerungen, man achtet sehr auf die nicht-sprachlichen Zeichen, zum Beispiel auf den Klang der Stimme, die Geste, den Gesichtsausdruck. Diese nicht-sprachlichen Zeichen werden überwiegend unbewusst wahrgenommen und als Information verarbeitet. Die Affektforscher sind diejenigen Wissenschaftler, die sich mit dem emotionalen Informationsaustausch zwischen Menschen beschäftigen. Sie sind sich darin einig, dass die emotionalen Mitteilungen überwiegend auf der nicht-sprachlichen Ebene vermittelt werden. Der emotionale Austausch will gelernt sein. Dieses Lernen geschieht schon in sehr frühem Alter. Bevor das Kind überhaupt sprechen kann, lernt es im ersten Lebensjahr sich mit der primären Bezugsperson, meistens der Mutter, emotional zu verständigen. Die Mutter erhält Signale vom Baby, damit sie weiß, wie sich der Säugling gerade fühlt. Aber auch die Gefühle der Eltern werden vom Baby „gelesen" und verinnerlicht. Sie werden Teil der Ausstattung der Menschen, ähnlich ihrem genetischen Code.

Die Säuglingsforschung hat wesentliche Befunde zum Verständnis der Prozesse gesammelt, wie Kleinkinder ein Repertoire von empathischen Reaktionen entwickeln, speziell, sich in andere einzufühlen, sich um sie zu sorgen und zu kümmern. Daniel Stern[1] beschrieb sehr eindrucksvoll, wie in den Mutter-Kind-Beziehungen die grundlegenden Lektionen des Gefühlslebens erlernt werden. Nach seiner Ansicht kommt es in diesen Beziehungen darauf an, dass das Kind erfährt, dass seine Emotionen mit Empathie aufgenommen, akzeptiert und erwidert werden. Diesen Vorgang nennt er „Abstimmung". In diesen Prozessen lassen Mütter ihre Babys wissen, dass sie spüren, was das Baby empfindet. Die Abstimmung zwischen Mutter und Kind erfolgt intuitiv und repetitiv, also immer wieder. Diese unscheinbaren Abstimmungen geben dem Kind das beruhigende Gefühl, emotional verbunden zu sein – eine Botschaft, die, wie Stern herausfand, Mütter ungefähr im Minutenabstand unbewusst abschicken, wenn sie mit ihren Babys zusammen sind. Psychoanalytiker und Bindungsforscher konnten in ihren Untersuchungen zeigen, wie sich die „Feinfühligkeit" der Mutter zur empathischen Kompetenz beim Kind entwickelt.

Die empathische Kompetenz meint Folgendes:
– sich und andere als denkend und fühlend erleben zu können;
– die Reaktion anderer vorhersagen zu können;
– die Perspektive der anderen übernehmen zu können;
– und die Veränderung von inneren Zuständen und deren Folgen reflektieren zu können.

---

[1] Stern, D. N. (1992). Die Lebenserfahrung des Säuglings. Klett-Cotta, Stuttgart.

Wenn Mütter zu wenig Einfühlung in die Gefühlslagen ihres Babys zeigen, also deren Traurigkeit, deren Freude oder deren Zärtlichkeitsbedürfnisse übersehen, beginnen die Kinder, das Empfinden von Emotionen zu meiden. Die Forschungsergebnisse deuten darauf hin, dass Kinder aufgrund solcher fehlenden Abstimmungsprozesse ganze Empfindungsbereiche im Repertoire für intime Beziehungen in sich auslöschen. Viele der Kinder, die später aggressiv und gewaltbereit werden, erscheinen in diesem Sinne emotional vernachlässigt, weil sie keine Gelegenheit zur Teilhabe an den emotionalen Abstimmungsprozessen hatten und sich nicht mit einer „empathischen", affektspiegelnden Bezugsperson identifizieren konnten. Auf diese Weise entsteht bei ihnen selbst ein Entwicklungsdefizit für Empathie.

Empathieförderung mit FAUSTLOS

Weil empathische Menschen sich in Sichtweisen hineinfühlen und -denken können, sind sie weniger gefährdet, andere misszuverstehen und sich über deren Verhalten zu ärgern. Die Reduktion von Ärger kommt aber auch daher, dass empathische Menschen dazu neigen, eigene aggressive Tendenzen zu unterdrücken, weil die Wahrnehmung von Schmerz und unangenehmem Stress bei anderen Menschen bei ihnen selbst zu Stress-Reaktionen führt. Die Förderung der Empathie ist aus diesen Gründen sehr wichtig in der Gewaltprävention. Die Fähigkeit zur Empathie kann bei einem Kind gefördert werden. Kinder mit einem gesunden Selbstwertgefühl und einem Grundstock an Beziehungskompetenzen müssen in Konfliktsituationen nicht auf die Mittel der Gewalt zurückgreifen, weil sie sich in andere hineinfühlen und -denken und sich den Schmerz und die Gefühle bei anderen Menschen vorstellen können. Empathisches Vermögen stellt auch Bindungen in der Klasse oder in der Gruppe der Gleichaltrigen her, die Zurückweisungen verhindern und Konflikte reduzieren können.

Empathie ist die wichtigste Grundlage des Programms FAUSTLOS zur Prävention von Gewalt und zur Steigerung der sozialen Kompetenz. Ohne Sensibilität für die Gefühle anderer ist kreatives Problemlösen unmöglich. Empathie ist auch ein wichtiges Element im Umgang mit Ärger und Wut. Ärger kann man bei sich selbst wahrnehmen.

Die Fähigkeit zur Empathie wird in einer Abfolge von aufeinander aufbauenden sozialen Schritten entwickelt. Wie bei allen Entwicklungsprozessen gibt es auch hier große Unterschiede bei Kindern gleichen Alters. Außerdem wird in verschiedenen Gesellschaften und Kulturen der Stellenwert des Individuums unterschiedlich eingeschätzt. Dies führt möglicherweise zu kulturell bedingten Unterschieden in den „normalen" Entwicklungsschritten der Empathie. Dies muss natürlich im Umgang mit Kindern, die aus anderen Kulturen kommen, berücksichtigt werden.

Die Unterrichtsstrategien zum Erwerb und zur Vervollkommnung empathischen Verhaltens im FAUSTLOS-Programm greifen die Entwicklungsschritte auf und fördern gezielt die psychologischen Dimensionen. Die Variationsbreite wird im didaktischen Vorgehen beachtet. Das Curriculum FAUSTLOS beinhaltet die folgenden Unterrichtsstrategien:

Kinder lernen ...

- ... anhand von physischen (Gesichtsausdruck, Körperhaltung) und situativen Anhaltspunkten Gefühle zu identifizieren.
  Die Lehrerinnen leiten die Kinder an, die einzelnen Komponenten des Gesichtsausdrucks für sechs Grundaffekte wahrzunehmen, indem sie einen standardisierten Leitfaden für das Mienenspiel benutzen.

- ... wahrzunehmen, dass Menschen unterschiedliche Gefühle in Bezug auf die gleiche Sache haben können.
  Kinder vergleichen individuelle Unterschiede von Gefühlsreaktionen („Thomas fürchtet sich vor dunklen Schlupfwinkeln beim Versteckspielen, aber Stefan mag sie gern."). Die Fähigkeit, Gefühlsreaktionen voneinander zu unterscheiden

bildet die Grundlage dafür, die Perspektive anderer übernehmen zu können.

- ... wahrzunehmen, dass Gefühle sich ändern und warum das so ist.
Kinder lernen, dass Gefühle mit der Zeit schwächer werden können oder sich infolge von veränderten Umständen bzw. durch Reifungsschritte ändern können: „Ich war traurig darüber, dass wir umgezogen sind, aber nun habe ich neue Freunde und bin glücklich."

- ... Gefühle vorherzusagen.
Kinder üben vorherzusagen, was andere als ein Ergebnis ihrer Handlungen tun oder sagen könnten: „Wenn ich ihr das wegnehme, wird sie schreien." Ebenso lernen sie in einfachen und prägnanten Situationen Begründungen für bestimmte Verhaltensweisen zu finden: „Jenny schreit mich an, weil ich ihr Buch weggenommen habe."

- ... zu verstehen, dass Menschen unterschiedliche Vorlieben und Abneigungen haben.
Kinder lernen zu verstehen, dass der zeitweilige Rückzug eines Freundes nicht bedeuten muss, dass er sie nicht leiden mag.

- ... gezielte von ungezielten Handlungen zu unterscheiden.
Kinder unterscheiden beabsichtigte von versehentlichen Aktionen, indem sie die Motive untersuchen und identifizieren.

- ... Regeln für Fairness in einfachen Situationen anzuwenden.
Über Fairness wird im Zusammenhang des Umgangs mit Gemeinschaftseigentum in der Schule diskutiert. Dies ist besonders auch für die Familie wichtig.

- ... Gefühle mitzuteilen, indem „Ich-Botschaften" benutzt werden und anderen Menschen aktiv zugehört wird.
Kinder üben einfache Formen des Ausdrucks von Gefühlen und diskutieren und üben, wie sie in ihrer Familie und in ihrer Umgebung anderen zuhören können.

■ … Sorge und Mitgefühl für andere Menschen auszudrücken. Unterschiedliche Ausdrucksweisen von Mitgefühl (helfen, umarmen, zuhören) werden besprochen und mit den Kindern geübt.

Das Erkennen unterschiedlicher Gefühlszustände

Zur empathischen Kompetenz gehört ganz wesentlich das Erkennen von Gefühlen. Um herauszufinden, wie es dem anderen geht, kann man auf nicht-verbale und körperliche Anhaltspunkte achten. Gefühle lassen sich oft im Gesicht der anderen Person oder an ihren Gesten ablesen. In den ersten FAUSTLOS-Lektionen lernen die Kinder deshalb verschiedene Gefühle zu unterscheiden. Photos zeigen Kinder mit verschiedener Mimik, die die unterschiedlichen Gefühle im Gesicht zum Ausdruck bringen. Hinweise auf die Situation, in der sich die Kinder befinden, helfen ebenfalls dabei, die Gefühle von ihnen zu erkennen. Die Photokarten veranschaulichen sechs Grundaffekte, mit denen Kinder zwischen dem zweiten und fünften Lebensjahr im Allgemeinen vertraut werden: Freude, Traurigkeit, Wut (Ärger), Überraschung, Angst und Ekel.

Alle Gefühle sollten von den Kindern sicher erkannt werden. Manchen Kindern, die in ihrer Kindheit Gewalt erlebt haben, fällt es schwer, im Gesicht des Gegenübers Schmerz von Wut zu unterscheiden. Sie haben zum Beispiel den prügelnden Vater erlebt und in dessen Gesicht seine Wut gesehen. Ihr empfundener eigener Schmerz in diesem Moment vermischte sich mit dieser Wut und der eigenen Ohnmacht und wurde als komplexes Beziehungsmuster verinnerlicht. Dies führt dazu, dass diese Kinder später bei anderen Kindern, denen sie Schmerzen zufügen, deren Schmerz nicht sicher wahrnehmen können. Sie verfügen dann über keine „soziale Bremse", weil sie sich nicht empathisch in die Not des anderen Menschen einfühlen können. Manchmal verwechseln sie sogar den Schmerz im Gesicht des Gegenübers mit Wut und dann treten sie zum Beispiel nochmals zu. Dies kann mit erklären, warum manche Kinder ein am Boden liegendes Kind immer noch treten.

Die Affektdifferenzierung ist aus diesen Gründen eine wichtige Grundlage für die Gewaltprävention (siehe dazu das Modell von Crick und Dodge in Kapitel 2). Am Beispiel des Gefühls der Traurigkeit kann dies veranschaulicht werden.

Die Lehrerin zeigt den Kindern ein Bild von Alexander.

Abbildung 4: Photo von Alexander

Sie fragt: „Was denkt ihr, wie fühlt sich Alexander?" Er ist traurig.

Sie versucht dann heraus zu arbeiten, woran man die Traurigkeit erkennen kann.

„Welche Hinweise in Alexanders Gesicht zeigen euch, dass er traurig ist?" Alexanders Mund ist heruntergezogen; sein Kinn ist gerunzelt, und seine Augen schauen nach unten.

Die Traurigkeit wird dann mit anderen Gefühlen verglichen, um die Unterschiede zu zeigen.

„Alexander ist traurig; er ist nicht ..." Ein anderes Photo wird gezeigt.

„Menschen zeigen ihre Traurigkeit auf unterschiedliche Art und Weise."

Die Lehrerin demonstriert, wie ihr Gesicht und ihr Körper aussehen, wenn sie traurig ist, und hebt die Anzeichen hervor:

„Zeigt eurem Nachbarn oder eurer Nachbarin ein trauriges Gesicht und eine traurige Körperhaltung." Die Kinder erforschen jetzt im Gesicht und am Körper ihres Tischnachbarn oder ihrer Tischnachbarin Anzeichen von Traurigkeit.

Die Lehrerin könnte dann zum Beispiel sagen:

„Wenn wir traurig sind, dann sind wir über etwas oder jemanden unglücklich. Verletzt zu sein ist ein ähnliches Gefühl wie Traurigkeit. Manchmal fühlen wir uns durch das, was andere sagen oder tun, verletzt." Sie kann die Kinder dann nach Situationen fragen, in denen sie sich verletzt und traurig gefühlt haben. Sie achtet darauf, dass die Kinder tatsächlich über die Traurigkeit sprechen. Um den Unterschied zu anderen Gefühlen noch einmal zu verdeutlichen, kann sie die folgende Frage stellen: „Welche anderen Gefühle sind so ähnlich wie die Traurigkeit?" Deprimiert, enttäuscht etc.

Dieses Beispiel stammt aus der Grundschulversion. Das Vorgehen im Kindergarten ist sehr ähnlich. Dort eröffnet die Erzieherin beispielsweise die Lektion mit dem Satz:

„Heute sprechen wir über Gefühle. Wenn ihr die Gefühle anderer Menschen kennt, könnt ihr besser mit ihnen auskommen. Ich zeige euch jetzt nacheinander die Bilder von drei Kindern. Ihr sollt mir sagen, was jedes dieser Kinder fühlt." Dann spricht sie mit den Kindern über die gezeigten Gefühle.

Bei der Durchführung der Lektionen zur Empathie sollten die Lehrkräfte sehr auf den sprachlichen Ausdruck der Kinder achten. Die Sprache spielt eine wichtige Rolle bei der Entwicklung von Empathie und anderen Fähigkeiten, die zum Problemlösen gebraucht werden. Je besser der sprachliche Ausdruck, desto differenzierter gelingt es den Kindern, Situationen sowie eigene und fremde Gefühlszustände wahrzunehmen und zu beschreiben.

- Wenn Gefühle wahrgenommen und voneinander unterschieden werden, müssen Kinder genau wissen, um welches Gefühl es sich handelt und um welches nicht: „Niklas ist ängstlich – er ist nicht überrascht."

- Die Konjunktion *und* ist wichtig, um verschiedenartige Eigenschaften zusammenzubringen: „Ina ist allein, sie ist müde *und* ängstlich."

- Mit den Begriffen *gleich – unterschiedlich* können Kinder sich die Gefühle und Vorlieben anderer Menschen bewusst machen: „Tom fürchtet sich vor Wasser. Maria mag gern schwimmen. Sie haben *unterschiedliche* Gefühle bezüglich der *gleichen* Situation". Andererseits *tut dasselbe* Kind vielleicht gern *verschiedene* Dinge zu *unterschiedlichen* Zeiten.

- Die Begriffspaare *jetzt – später, vorher – hinterher, manchmal – immer* und *einige – alle* helfen Kindern, die wechselhafte Natur von Gefühlen wahrzunehmen: „Jenny mag *jetzt* nicht draußen spielen, vielleicht *später*. Bevor Klaus umgezogen ist, war er traurig; *nach* dem Umzug hat er sich dann gefreut. Renate mag gern *manchmal* allein sein, jedoch *nicht immer*". Wechselnde Umstände, Größer- und Älterwerden und/oder zusätzliche Informationen können eine Veränderung von Gefühlen oder Vorlieben bewirken.

- Folgerichtiges Denken wird durch den Gebrauch der Kausalkonstruktionen *wenn – dann* und *weil – deshalb* verstärkt: „*Wenn* ich ihn schlage, *dann* wird er weinen" oder: „Er ist verletzt, *weil* ich ihn geschlagen habe". Die Fähigkeit, Gefühle und Handlungen anderer vorherzusagen, ist der Schlüssel für angemessene Entscheidungen.

- Die Unterscheidung zwischen *beabsichtigten* und Handlungen *aus Versehen* verstärkt ebenfalls die Fähigkeit, die Perspektive anderer zu übernehmen: „Daniel wollte Carlo nicht mit Absicht verletzen. Er hat nur versucht, den Ball zu fangen".
- Die Entscheidung darüber, ob etwas *fair* ist oder nicht, fördert die Fähigkeit, die Perspektive anderer zu übernehmen: „Das ist nicht fair! Wenn Jasmin in jeder Pause mit dem Ball spielt, dann kommen andere nicht an die Reihe."

Beispiellektion

Im Folgenden werden der Ablauf und die Unterrichtsstrategien einer Lektion anhand eines Beispiels aus der Einheit „Empathie" detaillierter erläutert.

Zur Illustration soll im Folgenden die Lektion 4 „Ähnlichkeiten und Unterschiede in der Gefühlswahrnehmung" aus dem Grundschul-Curriculum vorgestellt werden. Die Schülerinnen und Schüler sollen in dieser Lektion lernen,

- Ähnlichkeiten und Unterschiede von zwei Kindern zu erkennen in Bezug auf den emotionalen Ausdruck und die körperlichen Merkmale (Größe, Geschlecht, etc.);
- dass andere Menschen unterschiedliche Gefühle in der gleichen Situation haben können.

Die Lehrerin beginnt die Unterrichtsstunde mit einer Geschichte. Anschließend erörtern die Schülerinnen und Schüler Szenen dieser Geschichte. Die Lehrerin sagt z.B. zur Eröffnung: „Heute werdet ihr lernen, wie ihr erkennen könnt, wann Menschen *unterschiedliche* Gefühle und wann sie *gleiche* Gefühle haben." Daraufhin zeigt sie eine Photo-Folie: „Dies ist ein Bild von Jonas und Frederik. Sie betreten gerade zum ersten Mal ein Ferienhaus, das ihnen noch ganz fremd ist."

Abbildung 5: Photo von Jonas und Frederik

Sie richtet sich dann an die Kinder:
1. Was haben die beiden *gemeinsam*? Äußere Merkmale.
2. Was ist *anders* zwischen den beiden? Sie fühlen unterschiedlich.
3. Was denkt ihr, wie fühlt sich Jonas? Frederik? Woran könnt ihr das jeweils merken?

   Jonas und Frederik haben *unterschiedliche* Gefühle bei dem *gleichen* Ereignis.
4. Wer von euch fühlt sich zunächst ängstlich in einem fremden Ferienhaus? Wer ist eher aufgeregt?

Der Lehrerin kann dann eine erste Zusammenfassung geben: „Manchmal haben wir andere Gefühle als die anderen bei dem gleichen Ereignis. Es ist in Ordnung, wenn Menschen unterschiedliche Gefühle bei der gleichen Sache haben."

Im Anschluss daran vertieft sie das theoretisch Gelernte durch praktische Übungen: „Nun lasst uns ein Rollenspiel spielen. Dafür brauche ich zwei Schüler, die sich Rücken an Rücken stellen. Ihr tut so, als ob euch etwas passiert, und macht ein entsprechendes Gesicht, um zu zeigen, was ihr fühlt. Dann dreht ihr euch zur Klasse um und wir sehen, ob ihr das *gleiche* oder etwas *anderes* fühlt als euer Partner oder eure Partnerin. Zuerst mache ich das mit einer/m von euch vor".

Die Lehrerin und ein Schüler zeigen modellhaft, wie sie reagieren, wenn es zum Mittagessen Spinat gibt. Weitere Rollenspiele für die Schülerinnen und Schüler könnten angeschlossen werden, etwa:

- Eine Freundin möchte dir ihr Schneckenhaus zeigen.
- Du hast gerade herausgefunden, dass du dein Zimmer mit deiner Schwester/deinem Bruder teilen sollst.
- Ein Freund hat eine große Matschpfütze entdeckt und möchte, dass du mit ihm darin spielst.
- Deine Klasse hat die Aufgabe, bei einer Schulaufführung auf der Bühne ein Lied zu singen.
- Du wartest darauf, beim Achterbahn fahren an die Reihe zu kommen.
- Du bekommst ein großes Stück Schokoladenkuchen.
- Du bekommst eine schöne Puppe geschenkt.
- Du kletterst auf einen hohen Baum und schaust dich um.
- Deine Tante kauft dir einen großen Hund.
- Es gibt Erbsen zum Mittagessen.
- Du bist an der Reihe, im Schwimmunterricht vom Einmeterbrett zu springen.
- Du wirst ausgewählt, ein Spiel zu leiten.

- Du bekommst anstatt eines Fahrrads Rollschuhe zum Geburtstag.

Ganz wesentlich ist die Übertragung des Gelernten in andere Lebensbereiche. Am Schluss der Lektion steht deshalb die Empfehlung an die Lehrkraft, die Schülerinnen und Schüler erst dann in die Pause zu entlassen, wenn noch einige Aufgaben mitgegeben wurden. Die Kinder können außerhalb des Klassenzimmers herausfinden, ob sie das Gleiche wie z. B. Turnschuhe oder etwas anderes tragen (z. B. Stiefel statt Turnschuhe). Die Lehrkräfte sollen auch in Zukunft die Konzepte gleicher und unterschiedlicher Gefühle unterstreichen, wenn sich die Möglichkeit dazu bietet. Am nächsten Tag können sie die Kinder bitten, den vergangenen Tag Revue passieren zu lassen, wobei sie sich auf Unterschiede in den Empfindungen zwischen ihnen und anderen konzentrieren sollen.

Kapitel 5

Impulsivität, Impulskontrolle und Problemlösung

Konflikte sind universelle Phänomene und bestimmen unser Leben. Obwohl man z. B. von früh an nach Selbständigkeit und Autonomie strebt, bleibt man immer von den anderen Menschen abhängig. Es gilt, das richtige Gleichgewicht zwischen den beiden Tendenzen für das eigene Leben zu finden. Der Begriff „Konflikt" (lateinisch: „Zusammenstoß") meint in seiner allgemeinen Bedeutung das Zusammentreffen unterschiedlicher Positionen innerhalb einer Person (innerer Widerstreit von Motiven, Wünschen, Werten und Vorstellungen) oder zwischen mehreren Personen, so die Brockhaus Enzyklopädie 1990. In der Psychologie wird der Konflikt übereinstimmend als das Aufeinandertreffen entgegengesetzter Verhaltenstendenzen (Motivation, Bedürfnisse, Wünsche) definiert. Wegen dieser widerstreitenden Tendenzen beinhalten Konflikte ein spezifisches Potential. Die Konfliktlösung trägt zur Verminderung dieser mit dem Konflikt einhergehenden Spannung bei.

Bei FAUSTLOS geht es um Konflikte im zwischenmenschlichen Bereich, die in der Regel für die Kinder dann mit Spannungen einhergehen, wenn keine schnelle und leichte Lösung verfügbar ist. Diese Spannung liegt nicht nur zwischen den Konfliktpartnern, sie kann auch für das Kind selbst zum unangenehmen Stress werden. Wenn diese Spannung nicht ertragen werden kann oder zum Selbstschutz erst gar nicht aufkommen darf, neigen Menschen zu impulsivem Verhalten. Der Handlungsimpuls ist ein Versuch, den Konflikt zu beenden. Wenn in den bisherigen Beziehungskonflikten die Erfahrung gemacht wurde, dass diese Art der Konfliktlösung quasi „belohnt" wird, weil die unerträgliche Spannung weicht, wird die Impulsivität als aggressive Strategie gelernt. Häufig sind impulsive Erwachsene für Kinder ein Modell in diesem Beziehungsverhalten.

Die Impulskontrolle ist für ein Kind eine Entwicklungsaufgabe. Von Beginn des Lebens an lernt es, nicht jedem Impuls nachgeben zu können. Nicht jedem Hunger folgt Sättigung, nicht jede Erregung wird mit Beruhigung beantwortet. Da der Säugling mehr als jedes andere Lebewesen von den Bezugspersonen abhängig ist, helfen die Eltern dem Baby mit den Impulsen zurecht zu kommen, indem sie seine Regulationsbemühungen unterstützen, mit den Bedürfnissen wie Hunger und Schlafen klar zu kommen. In den Beziehungen zu den Bezugspersonen lernt das Kind, mit seinen Bedürfnissen fertig zu werden und seine Affekte zu steuern. Die Beziehungsmuster, die im Zusammenhang mit diesen Konfliktlösungen entstehen, werden verinnerlicht und entwickeln sich zu einer inneren seelischen Struktur. Diese Strukturen beinhalten die Fähigkeit, Belastungen und Spannungen auszuhalten und Gleichgewichte wieder herzustellen.

Die Fähigkeit, die impulsiven Wünsche, Bedürfnisse und Motive selbst zu regulieren geht in der Regel mit einem guten Selbstwertgefühl einher. Wenn das Selbst als Urheber des kompetenten Handelns erlebt werden kann und ein Kind sich nicht von seiner Impulsivität überflutet erlebt, ist es „sein eigener Herr im Haus" und fühlt sich deshalb selbstsicher. Kinder mit niedrigem Selbstwertgefühl neigen zu impulsiv-aggressivem Handeln, weil sie im Triumph über die anderen ihr Selbstwertgefühl kompensieren können. Diese Selbstunsicherheit merkt man diesen Kindern oft nicht an. Sie sind nach außen die Beherrscher der Szene, nach innen gerichtet jedoch ihren Impulsen ausgeliefert. Deswegen ist es für die Entwicklung der Kinder entscheidend, dass sie die Fähigkeit erwerben, das Selbstwertgefühl auf einem realitätsgerechten Niveau zu halten und die Schwankungen, die ganz natürlich sind, regulieren zu können.

Impulskontrolle fördern

Impulskontrolle bedeutet, eine Aktivität zu stoppen und über ein Problem nachzudenken, anstatt spontan das zu tun, was einem in den Sinn kommt. In Kapitel 2 wurde beschrieben, wie wichtig es ist, dass in einer Konfliktsituation auch eine Entscheidung getroffen wird. Impulsive Entscheidungen lassen jedoch keinen Raum, um alternative Entscheidungen zu überlegen. Ein impulsives Kind neigt in spannungsreichen Situationen zu Kurzschlussreaktionen, weil es nur über dieses eine ihm bekannte und vertraute Handlungsmuster verfügt und keine Handlungsalternativen kennt. Sozial-emotionales Lernen muss sich deshalb darauf konzentrieren, den Kindern Fähigkeiten und Fertigkeiten zur Verfügung zu stellen, damit sie ihre Konflikte oder Probleme lösen können, ohne impulsiv reagieren zu müssen.

FAUSTLOS konzentriert sich auf die Förderung der Kompetenz des Konflikt- bzw. Problemlösens. Das Problemlösen arbeitet mit einer Strategie, die bei jedem zwischenmenschlichen Konflikt benutzt werden kann. In dieser Einheit werden auch einige Verhaltensmöglichkeiten geübt, damit die Kinder in ganz bestimmten Situationen sozial kompetenter werden und Selbstsicherheit gewinnen („bei etwas mitmachen" oder „höflich unterbrechen"). Das Problemlösen ist nicht nur ein kognitiver, sondern auch ein sozial-emotionaler Entwicklungsprozess. Die Emotionalität steuert die Beziehung und sie muss kontrolliert werden, damit die einzelnen Schritte beim Problemlösen vollzogen werden können. Alle Strategien arbeiten mit ähnlichen Techniken: Demonstration, Rollenspiel, Feedback zur Aufführung des Rollenspiels, Verstärkung und Übertragung des Gelernten. Zusätzlich bietet das Problemlösen ein natürliches Lernumfeld für Verhaltensweisen, die beim Verhaltenstraining vermittelt werden. So soll z. B. in einer Lektion das Problem „Ausschluss aus einer Spielgruppe" gelöst werden. Dazu werden bestimmte Verhaltensschritte diskutiert, die man benötigt, um bei einer Aktivität oder bei einem Spiel mitzumachen. Die sozialen Verhaltensweisen werden so zu Lösungen des Problems.

Das Problemlösen

Neben der Empathiefähigkeit sind die Kenntnis und die Anwendung von Problemlösungsstrategien wichtig, damit sich prosoziales Verhalten bei Kindern dauerhaft verfestigen kann. Kinder können lernen, mit Hilfe einer bestimmten Methode ein zwischenmenschliches Problem zu lösen, wie z. B. „Wie gehe ich damit um, wenn ich etwas haben möchte, was mir nicht gehört?" Dieses Vorgehen ist mit der Anwendung bestimmter Schritte beim Lösen einer Mathematikaufgabe vergleichbar.

Das folgende Problemlöseverfahren in fünf Schritten wird mit den Kindern immer wieder durchgearbeitet:

1. Was ist das Problem? Bestimmen des Problems anhand von mimischen, körperlichen und situativen Hinweisen.

2. Welche Lösungen gibt es? Brainstorming.

3. Frage dich bei jeder Lösung:
   – Ist sie ungefährlich?
   – Wie fühlen sich die anderen?
   – Ist sie fair?
   – Wird sie funktionieren?
   Bewerten der Lösungen durch Vorhersagen ihrer Konsequenzen.

4. Entscheide dich für eine Lösung und probiere sie aus. Die Lösung soll mit Hilfe einzelner Fertigkeiten ausgeführt werden.

5. Funktioniert die Lösung? Wenn nicht, was kannst du jetzt tun? Die Lösung soll daraufhin überprüft werden, ob sie durchführbar ist; wenn nicht, soll eine Alternative gesucht werden.

Um den Gebrauch dieser kognitiven Strategien zu üben, werden in dieser Einheit eine Reihe von fiktiven Problemsituationen angeboten, für welche die Kinder eine Lösung finden müssen. Die einzelnen Schritte der Problemlösung werden in verschiedenen Lektionen angewandt. In manchen Klassenzimmern hängt dieses Vorgehen in Konfliktsituationen als Problemlöse-Poster das ganze Jahr über an der Wand. Außerdem können die Kinder ein eigenes Blatt als Kopie der Lernschritte bekommen. Als besonders günstig hat es sich erwiesen, das Problemlöse-Poster gemeinsam mit den Kindern zu erstellen und die einzelnen Problemlöseschritte mit Symbolen kenntlich zu machen. Schritt für Schritt kann so ein individuelles Poster für die Klasse erarbeitet werden, das sich besser einprägt und die Eigenmotivation der Kinder fördert.

Der erste Schritt – die Antwort auf die Frage „Was ist das Problem?" – ist für jüngere Kinder im Kindergartenalter oft noch schwierig. Sie beschreiben das Problem häufig nur aus der Sicht eines der an der Geschichte Beteiligten: „Dennis will Maria nicht mitspielen lassen." Wenn man jedoch fragt, was jedes der auf dem Foto abgebildeten Kinder für das Problem hält, kommen meistens einige Antworten der Kinder. Diese Antworten kann man dann zusammensetzen und für die Kinder formulieren: „Dennis und Maria wollen zur gleichen Zeit mit dem Spiel spielen, aber das kann immer nur einer zur gleichen Zeit." Wichtig ist auch, die Kinder zu ermutigen, noch Fragen zu stellen, um das Problem einzukreisen. So lernen sie, sich ein möglichst genaues Bild von der Situation zu machen.

Der zweite Schritt – die Antwort auf die Frage „Welche Lösungen gibt es?" – ist am schwierigsten zu lernen. Forschungsergebnisse zeigen, dass die Fähigkeit zur Entwicklung verschiedener Schritte zur Problemlösung für Kinder der entscheidende Faktor zum erfolgreichen Problemlösen im interpersonellen Bereich ist. Die Anzahl der Lösungsmöglichkeiten ist dabei genauso wichtig wie die Art oder die Qualität der entwickelten Lösungsschritte.

Mit Hilfe des Brainstorming kann man viele Ideen in kurzer Zeit entwickeln (über 1 bis 2 Minuten). Um die Antworten der Kinder nicht abzublocken, enthalten sich die Erzieherinnen und Lehrerinnen in dieser Phase jeden Urteils oder eines wertenden Kommentars. „Das ist eine mögliche Idee. Gibt es noch andere?", verstärkt mehr die Beteiligung als zu sagen „Das ist eine gute Idee. Hat irgend jemand eine andere?". Die letzte Antwort entmutigt solche Kinder beim Brainstorming, die befürchten, dass ihre Vorschläge nicht so „gut" sind wie die von anderen Kindern. Es ist wichtig, dass Kinder sowohl „schlechte" als auch „gute" Lösungen entwickeln, um die Konsequenzen impulsiven und aggressiven Verhaltens bewerten zu können. Manchmal halten Kinder an einer bestimmten Art von Ideen fest, z. B. Spielzeug, Essen oder Bücher anzubieten, um ein bestimmtes Problem zu lösen. Um ihnen bei der Entwicklung anderer Lösungen zu helfen, kann man zum Beispiel sagen: „Spielzeug oder Bücher anzubieten, ist ähnlich. Beide Male gibt man etwas. Hat irgend jemand eine andere Idee – eine, bei der es nicht darum geht, etwas zu geben?".

Der dritte Schritt – die Konsequenzen bedenken – verlangt von den Schülern, vier Bewertungsfragen für jede Lösung zu beantworten:
- „Ist sie ungefährlich?"
- „Wie fühlen sich die anderen?"
- „Ist sie fair?"
- „Wird sie funktionieren?"

Da Kinder diesen Schritt gerne überspringen, müssen sie dazu angehalten werden, gründlich über jeden Lösungsschritt nachzudenken. Wenn sich die Kinder viele Lösungen ausdenken, kann man drei auswählen und diese überprüfen. Darunter sollte auch eine nicht so gute Lösung sein.

Der vierte Schritt – „Entscheide dich für eine Lösung und probiere sie aus!" – verlangt von den Kindern, eine Wahl auf der Grundlage der Informationen zu treffen, die beim dritten

Schritt entwickelt wurden. Dabei müssen sie nicht als Gruppe übereinstimmen; individuelle Lösungen sind zugelassen, denn es gibt keine absolut richtigen Antworten auf Probleme. Vielmehr sollten die Kinder eine Palette von prosozialen Lösungen erarbeiten, aus denen sie dann auswählen können. Der vierte Schritt bietet auch die Möglichkeit, die Verhaltensfertigkeiten bei der Umsetzung der Lösung zu nutzen.

Der letzte Schritt – die Antwort auf die Frage „Funktioniert die Lösung?" oder „Ist die Lösung erfolgreich? – fordert die Kinder auf, die Wirksamkeit der Lösung in der konkreten Situation zu überprüfen. Vielleicht sind die Kinder zunächst frustriert, wenn ihre Idee nicht funktioniert, aber sie sollten das nicht als Gewinner-Verlierer-Situation betrachten. Die meisten erfolgreichen Menschen, auch Sportler, haben nicht gleich beim ersten Versuch Erfolg. Wenn eine Lösung nicht funktioniert, muss man flexibel sein und einen anderen Weg beschreiten: „Wenn nicht, was kannst du jetzt tun?" Diese Fähigkeit zu einer eventuell notwendigen Richtungsänderung ist ein wichtiger Aspekt für die erfolgreiche Bewältigung des Problemlösungsprozesses.

Lautes Denken und Handlungsalternativen

Um den Spannungsbogen und das Repertoire an Handlungsalternativen im Bereich der Impulskontrolle zu vergrößern, bietet sich das *laute Denken* an. Kinder sagen sich die einzelnen Schritte der Problemlösung laut vor, während sie sie ausführen.

Das laute Denken gründet auf der entwicklungspsychologischen Erkenntnis, dass in Sprache gefasste Handlungen besser verinnerlicht werden. Vierjährige Kinder können in der Regel schwierigen Anweisungen Erwachsener folgen. Sie beginnen, ihr eigenes Verhalten durch verbale Selbstanweisungen zu steuern. Wenn ein vierjähriges Kind auf eine Anweisung der Eltern reagiert, sagt es vielleicht zunächst zu sich selbst: „Wasch die Hände! Stell das Wasser ab! Mach das Licht aus!" Danach sagt es möglicherweise zu den Eltern: „Ich habe meine Hände gewaschen. Wir können jetzt essen!" Beim Problemlösen beginnen Kinder, Forderungen oder Bitten zu formulieren, die einseitig gerichtet sind: „Lass mich jetzt an die Reihe kommen." „Kann ich jetzt damit spielen?" Kinder dieses Alters beginnen auch, fester umrissene soziale Fähigkeiten zu entwickeln und zu erkennen, was das angemessene Verhalten in unterschiedlichen Situationen ist.

In den folgenden Jahren wird für die Kinder die Sprache auch zu einer Art „inneren Sprache". Handlungen werden jetzt nicht mehr laut formuliert sondern innerlich kommentiert. Impulsive Reaktionen können so durch logische und gedankliche innere Prozesse zurückgehalten werden. Die Sprache dient quasi als eine Art Hülse, um schwierige Handlungs- und Beziehungsstrategien zu integrieren. Die Art und Weise des Problemlösens ändert sich vom offenen (laut gesprochenen) zum verdeckten (inneren) Sprechen. Im Alter von 10 Jahren läuft die sprachliche Kommentierung nahezu vollständig als innerer Prozess ab.

Das sozial-emotionale Lernen fördert mit dem lauten Denken die Refelexionsfähigkeit der Kinder. Wenn sie noch einmal die einzelnen Handlungsschritte sprachlich formulieren müssen, sind sie dazu angehalten, jeden einzelnen Schritt daraufhin zu überprüfen, ob dieser das Problem zur Zufriedenheit von ihnen selbst und zur Zufriedenheit der anderen beteiligten Personen lösen wird.

FAUSTLOS-Lektionen, die den Schwerpunkt auf lautes Denken beim Problemlösen legen, leiten Schüler und Schülerinnen dazu an, jede einzelne Frage des Problemlöseplans zu stellen und zu beantworten. Ziel ist, die einzelnen Schritte in Sprache zu bringen. „Laut denken" könnte sich so anhören: „Lasst uns sehen, was das Problem ist. Ich möchte mit dem Weltraumspiel spielen, aber ich habe es nicht. Was für Lösungen gibt es in dieser Situation? Ich könnte es Dennis wegnehmen; ich könnte ihn darum bitten; ich könnte ihm einen Tausch anbieten; ich könnte weinen; ich könnte mir von einem Erwachsenen helfen lassen; wir könnten es teilen. Ist das Wegnehmen eine gute und ungefährliche Lösung? Nein, denn er könnte mich hauen." Beurteilung der Lösungen nach möglichen Konsequenzen. In diesem Fall gibt es verschiedene akzeptable Lösungen, und das Kind entscheidet: „Ich will ihm anbieten, eins meiner Bücher für dieses Spiel einzutauschen. Wir werden sehen, ob das klappt." Nach wiederholter Übung sind Kinder in der Lage, still die einzelnen Schritte durchzugehen oder sich die einzelnen Schritte vorzuflüstern.

Laut denken kann man auch, wenn es z.B. darum geht, der Versuchung zum Stehlen zu widerstehen: „Mach es nicht. Sei ehrlich." Indem Kinder laut denken, um ihr Verhalten zu steuern, können sie die einzelnen Schritte in realen Situationen anwenden.

Beispiellektion

Im Folgenden werden der Ablauf und die Unterrichtsstrategien einer FAUSTLOS-Lektion anhand eines Beispiels aus der Einheit Impulskontrolle detaillierter erläutert. Zur Illustration soll im Folgenden die Lektion 18 „Der Versuchung zu stehlen widerstehen" aus der Grundschulversion dienen. Dieses Thema wird im Kindergarten noch nicht bearbeitet. Bei dieser Lektion geht es darum, dass man die kurz- und langfristigen Konsequenzen des Stehlens vorhersehen können muss, um der Versuchung zu stehlen widerstehen zu können.

Ziel dieser Lektion ist, dass die Schüler und Schülerinnen nicht nur das Gebot befolgen sollen „Du sollst nicht stehlen!" Es geht nicht nur um das Lernen des „richtigen" Verhaltens. Es geht viel grundsätzlicher darum, einen Konflikt miteinander durchzugehen und die möglichen Problemlösungen zu üben. Dazu gehört die Diskussion der Konsequenzen bei jedem Schritt.

Die Lehrkraft soll anhand der dargestellten Geschichte mit den Schülerinnen und Schülern zusammen versuchen

- Gründe zu benennen, die dafür sprechen, der Versuchung zu stehlen zu widerstehen;
- die Konsequenzen des Stehlens vorherzusehen;
- eine Problemlösungsstrategie anzuwenden.

Um in das Thema einzuführen, ist es wichtig, sich darüber im Klaren zu sein, dass viele Kinder eine Phase durchleben, in der sie stehlen, um ihre Kraft und die Grenzen der Erwachsenen zu testen. Das daraus entstehende Problem ist der Verlust von Vertrauen. Man kann den Kindern dabei helfen, die kurzfristigen Gewinne des Stehlens gegenüber dem langfristigen Verlust von Vertrauen zu bewerten. Die Konsequenzen von kleineren Grenz- oder Regelverletzungen unterscheiden sich nur wenig von den größeren, der Schaden für die Beziehung ist jedoch der gleiche.

Das Unterrichten der Lektion beginnt wiederum mit einer Geschichte und deren Diskussion. Auf dem folgenden Bild muss Felix der Versuchung widerstehen zu stehlen.

Mit den Kindern lässt sich ungefähr die folgende Geschichte rekonstruieren:

Felix fehlen noch genau fünf Euro, um sich ein Modellflugzeug kaufen zu können, das er im Laden gesehen hat. Auf dem Tisch seiner Mutter sieht er allerhand Kleingeld liegen, und er glaubt, dass sie es nicht merken würde, wenn einige Eurostücke davon fehlen würden.

Nun bietet sich an, die fünf Problemlöseschritte anzuwenden:

1. Was ist das Problem? Felix hat nicht genügend Geld, um sich das zu kaufen, was er sich wünscht.

2. Was könnte passieren, wenn Felix das Geld seiner Mutter nimmt? – Sie könnte es herausfinden und darüber traurig und wütend sein; sie könnte aufhören, ihm zu vertrauen; er könnte sich schlecht fühlen.

3. Wenn jemand etwas nimmt, das ihm nicht gehört, nennt man das Stehlen. Weshalb ist Stehlen nicht in Ordnung? – Es ist nicht fair; es verletzt die Gefühle anderer Menschen; der Dieb verliert das Vertrauen der anderen Menschen.

   Wenn wir einer Person vertrauen, denken wir, dass sie sich ehrlich verhält und die Wahrheit erzählt. Wenn jemand stiehlt, können seine Freunde und seine Familie das Vertrauen in ihn verlieren.

4. Was könnte Felix zu sich sagen, um sich selber vom Stehlen abzuhalten? – „Ich bin ehrlich. Es ist nicht fair, zu stehlen. Ich werde nicht stehlen."

5. Was für Lösungen gibt es noch für das Problem von Felix, wie könnte er das Geld für das Flugzeug bekommen? – Seine Mutter um das Geld bitten; fragen, ob er sich das Geld leihen kann; versuchen, das Geld zu verdienen.

Mit Hilfe des lauten Denkens können die Kinder das Problem von Felix durchspielen. Die Antworten auf die Frage „Welche Lösungen gibt es?" sollen laut geäußert werden. Genauso kann man mit den Lösungsvorschlägen verfahren. „Was könnte passieren, wenn ...?" Die Konsequenzen des Handelns sollen laut bedacht werden. Schließlich kann man die Frage stellen „Was denkt Ihr, sollte Felix tun?" Die einzelnen Vorschläge können von den Schülerinnen und Schülern bewertet werden. Der gemeinsame Diskussionsprozess trägt dazu bei, dass über Wertvorstellungen nachgedacht wird und die eigenen Vorstellungen mit denen der anderen Kinder verglichen werden können. Dies führt zu einer Stärkung der moralischen Kompetenz bei den Kindern.

Durch die folgenden Schritte im Verhalten wird die Impulskontrolle bei den Kindern gefördert. Diese Schritte können wiederum laut gedacht werden, damit sie zum festen Repertoire im Umgang mit Impulsen werden:

1. Halte inne und denke über die Konsequenzen nach, die das Stehlen haben könnte.
2. Sage zu dir selber: „Ich bin ehrlich. Ich werde nicht stehlen."
3. Denk dir eine andere Möglichkeit aus, um das zu bekommen, was du haben möchtest.

Das Vertiefen des Gelernten erfolgt durch Übungen und Rollenspiele. Um für die Kinder ein beispielhaftes Modell zu sein, kann die Lehrerin zunächst vorspielen, wie sie als Felix Schritt für Schritt das Problem löst, um der Versuchung zu stehlen zu widerstehen.

1. Sie sagt dann z. B. zu sich selbst: „Um das Flugzeug kaufen zu können, fehlen mir nur noch fünf Euro. Aber wenn ich stehle, fühle ich mich schlecht. Ich werde mich noch schlechter fühlen, wenn meine Mutter es herausfindet und sie wütend auf mich ist. Sie könnte mir in Zukunft nicht mehr vertrauen."
2. Sie sagt dann: „Ich bin ehrlich. Ich werde nicht stehlen."

3. Und schließlich: „Was kann ich tun, um die fünf Euro zu bekommen? Ich könnte sie um das Geld bitten. Ich könnte jemand anderen darum bitten. Ich könnte versuchen, das Geld zu verdienen. Wenn ich sie um das Geld bitte, würde sie es mir vielleicht geben. Wenn ich mir das Geld verdiene, würde ich mich gut fühlen, und meine Mutter wäre stolz auf mich. Die Lehrerin wendet sich dann an die Kinder und fragt: „Wie habe ich das gemacht? Habe ich die Schritte befolgt, um der Versuchung zu stehlen zu widerstehen?"

Danach machen die Kinder einige Rollenspiele. Die folgenden Rollenspiele für die Schülerinnen und Schüler haben sich bewährt:

- Du brauchst einen Stift und siehst einen auf dem Tisch eines Mitschülers liegen, der heute nicht da ist.
- Du willst dich umziehen und siehst die Lieblingsbluse deiner Schwester. Sie ist schon zur Schule gegangen und würde es nicht merken, wenn du sie tragen würdest.
- Du siehst, dass jemand auf dem Bürgersteig einen zehn Euroschein verliert und es nicht bemerkt.
- Ein Freund hat bei dir ein Spielzeug liegen gelassen, aber er weiß nicht, dass er es bei dir vergessen hat.

Wie immer können natürlich auch von Kindern Vorschläge für Themen und Situationen eingebracht werden, die dann von der Lehrkraft aufgenommen werden.

Als letzter Teil der Lektion ist die Übertragung des Gelernten auf Situationen außerhalb des Klassenzimmers und der Schule wichtig. Dazu kann man z. B. über Situationen nachdenken, in denen Kinder auch schon mal Vertrauen in andere haben mussten. Damit wird in der Klasse das Vertrauen zu den anderen Menschen gestärkt. Man kann mit den Kindern besprechen, was Vertrauen aufbaut und was Vertrauen zerstört. Die Kinder können als Hausaufgabe darauf achten, in welchen

Situationen ihre Geschwister (z. B. beim Ausleihen von Spielsachen), ihre Eltern („Du kannst doch sicher die zwei Stunden alleine zuhause bleiben?") oder die Freunde auf sie vertrauen („Treffen wir uns zum Fußball spielen heute Nachmittag bei mir?") und wie sie selbst darauf reagieren. Alle diese Übungen dienen dazu, den Wert des Vertrauens heraus zu stellen. Langfristiges Vertrauen ist wichtiger als ein schneller Impuls!

Kapitel 6

Umgang mit Ärger und Wut

Konstruktive und destruktive Aggression

Eines der häufigsten Missverständnisse über FAUSTLOS kommt in der Meinung zum Ausdruck, es ginge darum, die Kinder zur Aggressionsfreiheit zu erziehen. Dies ist nicht das Ziel des Programms. Der Grund für das Missverständnis liegt in der fehlenden Unterscheidung zwischen konstruktiver und destruktiver, also feindseliger, Aggression.

Alle Menschen nutzen die konstruktive Aggression als Möglichkeit, ihre eigenen Interessen und Bedürfnisse in Beziehungen einzubringen und sich zu behaupten. Diese Energie hilft ihnen, zielgerichtet zu sein und viele Aufgaben anzupacken und umzusetzen. Im Sport können mit Hilfe der konstruktiv eingesetzten Aggressivität sogar Höchstleistungen hervorgebracht werden. Der konstruktive Aggressionstyp basiert auf einem ausgeprägten inneren Drang, der schon bei Kindern unter sechs Monaten zu finden ist. Er ist die Grundlage für unsere Neugier, unseren Wissens- und Erkundungsdrang und unseren Drang, sich durch sensomotorische Aktivitäten gegenüber der Umwelt zu behaupten.

Neben dieser angeborenen Tendenz der nicht-destruktiven Aggression lässt sich eine erfahrungsabhängige Tendenz feindseliger Aggression beobachten. Die feindselige Aggression ist nicht angeboren und tritt nicht spontan, sondern als Folge von starken Unlust- oder Frustrationserlebnissen auf. Diese Erscheinungsform der Aggression weist eine affektive, unlustgetönte Qualität auf, wie sie für Gefühle von Wut, Feindseligkeit und Hass typisch ist.

Auch die Wut hat eine konstruktive Seite. Diese ist wie die Angst und der Schmerz ein wichtiges Signal, das für das Zusammenleben benötigt wird. Wut wird als Signal genutzt, um vom Gegenüber nach einer Kränkung, unangemessenen Forderungen oder dem Gefühl, vom anderen beherrscht zu werden, wieder Distanz zu gewinnen und sich selbst zu schützen. Heftige Wut bedeutet deshalb oft: „Weg mit dir!" und signalisiert dem anderen Menschen, auf Abstand zu gehen und vorsichtig zu sein. Heftige Wut heißt auf sich selbst gerichtet „Pass auf, schütze dich!"; und zum anderen gewandt: „Weg mit dir!"

Die Gefühlsregulation beginnt praktisch vom Moment der Geburt an und ändert sich in bedeutsamer Weise während der Kindheit. Eltern sind mit der feindseligen Aggression eines Kindes häufig zum ersten Mal während des so genannten „Trotzalters" konfrontiert. Nicht nur für die Aggressionsentstehung, sondern auch zur Ableitung der Möglichkeiten, wie man auf ein aggressives Kind reagieren kann, ist das Verständnis der Kinder in dieser sensiblen Phase wichtig. Viele Kinder sagen Mitte des 2. Lebensjahres plötzlich vermehrt „Nein", sie widersetzen sich und trotzen heftig. Gelegentlich beobachten die Eltern, dass die Kinder sich selbst oder andere Kinder sogar schlagen. Und auch die Eltern werden gebissen und gezwickt und reagieren oft entsprechend heftig. Es kann bei verzweifelten Eltern zu den ersten „Klapsen auf den Po oder auf den Hinterkopf" kommen. Kurz – in den Familien entwickeln sich aggressive Auseinandersetzungen, die oft mit starken Gefühlen einhergehen. Die Aggression wird in diesem Lebensalter häufig öffentlich, weil jetzt auch andere Kinder einbezogen werden und andere Erwachsene außerhalb der Familie daran beteiligt sind. Eltern können in diesen Situationen manchmal verzweifeln – ein Misshandlungsrisiko besteht. Die Kinder schauen sich aber den impulsiven Stil der Konfliktlösung bei den Eltern ab und verinnerlichen dieses Lösungsmuster.

Für alle Kinder ist diese Phase der intensiven Emotionalität ein notwendiges Entwicklungsstadium, um heftige Gefühle regulieren und Grenzen akzeptieren zu lernen. Auch in dieser Zeit brauchen die Kinder ihre Eltern, um mit ihren heftigeren Emotionen ebenfalls umgehen zu können. Durch die inzwischen gut entwickelte Motorik und ihre ersten sprachlichen Kompetenzen können sie sich besser abgrenzen und ihre eigene Persönlichkeit entwickeln. In dieser Zeit wird die Selbstbehauptung zu einer wichtigen Motivation im Leben des Kleinkindes. Das Kind möchte sich als Urheber seiner Aktionen erleben, muss aber dieses Bedürfnis regulieren und mit den z.T. unterschiedlichen Bedürfnissen der Eltern in Übereinstimmung bringen. In der Regel werden Eltern sich sensibel darauf einstellen und ihren Kindern die Erprobung von Selbstbehauptung ermöglichen, ohne zu häufig Machtproben zu provozieren. Da die Kinder die Grenzen austesten, ist häufiger als sonst ein konsequentes „Nein" notwendig. Am hilfreichsten ist diese Reaktion der Eltern, wenn sie klar und ohne Wut ausgesprochen wird. Manchmal muss das Kind aus der Situation herausgenommen werden, so, wenn es zum Beispiel ein anderes Kind geschlagen hat. Jedes wütende Kind hat also ein Recht auf eine unmittelbare und konsequente Grenzsetzung, um diese für sich zu verinnerlichen.

Wenn das Kind zu oft Scham, Demütigung oder Wut erleben muss, bereitet das den Boden für Minderwertigkeitsgefühle und ein niedriges Selbstgefühl, die wiederum Ursache für destruktiv aggressives Handeln sind.

Manchmal kommen Kinder mit diesen Entwicklungsdefiziten in den Kindergarten. Es sind dann vielleicht schon Kinder, die unangemessen häufig oder impulsiv aggressiv reagieren. Im Kindergarten lernen sie relativ rasch im Umgang mit den anderen gleichaltrigen Kindern, in Konfliktsituationen schnell auf die eigene feindselige Aggression zu setzen, um ihre Ziele durch zu drücken. Grundlage der Theorie des „sozialen Lernens" ist, dass das Verhalten das Ergebnis dessen ist, was uns gelehrt wurde. Wenn Kinder in den ersten Jahren bereits gelernt haben, dass ihr aggressives Verhalten effektiv ist und sie damit Selbstwertprobleme kompensieren konnten, werden sie auch in den späteren Jahren häufiger Aggressivität zur Lösung von Konflikten einsetzen.

Der Umgang mit Ärger und Wut im FAUSTLOS-Curriculum

Mit der dritten Einheit von FAUSTLOS werden bei den Kindern Entwicklungsprozesse angestoßen, die zum Erwerb einer Fähigkeit führen, die schon Aristoteles in seinen ethischen Überlegungen zum Individuum treffend beschrieb, nämlich: „Gegen die rechte Person, im rechten Maß, zur rechten Zeit, für den rechten Zweck und auf die rechte Weise zornig zu sein."

FAUSTLOS baut auf den Strategien auf, die Kinder benutzen, um mit heftigen Gefühlen zurecht zu kommen. Da Schmerz und Leid für Menschen unvermeidbar sind, dürfen sie diese Gefühle haben, aber sie müssen lernen, diese negativen Gefühle zu regulieren, zu tolerieren und auszuhalten. Die Fähigkeit, heftige Gefühle auszuhalten, ist ein entscheidender Bestandteil des Entwicklungsfortschritts von Kindern. Ein Kind ist darauf angewiesen, dass die Eltern zur Emotionsregulation beitragen. In den ersten drei Jahren folgt einer Stresssituation eine Reihe von Handlungen, die auf die Veränderung der äußeren Situation gerichtet sind. Kindern werden mit einem Nein Grenzen gesetzt oder sie werden durch ein Verschieben ihrer Aufmerksamkeit auf eine andere Situation abgelenkt. Damit helfen die Eltern dem Kind, den Affekt zu steuern und wieder die Kontrolle über sich zu erlangen. Außerdem lernt das Kind, dass es durch Wutausbrüche nichts gewinnen kann. Wenn das Nein durch die Eltern begründet wird und nur dann eingesetzt wird, wenn sie danach wirklich konsequent bleiben, werden die von den Eltern vorgelebten Strategien vom Kind nach und nach übernommen. Wenn ein dreijähriges Kind von einem anderen Kind auf aggressive Weise behandelt wird, geht es dann vielleicht in einen anderen Raum und beschäftigt sich dort mit etwas anderem.

Erst ab dem vierten Lebensjahr verfügt das Kind über innere Strukturen, die ihm selbst eine Steuerung der heftigen Gefühle erlauben. Der affektive Spannungsbogen kann jetzt besser gehalten werden, die Emotionsregulation spielt sich mehr im Inneren des Kindes ab. Trotzdem wird meistens zur Bewältigung der Stresssituation noch versucht, die äußere Situation zuerst zu verändern. Ab dem 12. Lebensjahr werden die heftigen Emotionen überwiegend intern reguliert. Das Kind wird sicherer, die Kontrolle über die heftige Emotionalität auch in schwierigen und stressreichen Situationen aufrecht erhalten zu können.

Ärger und Wut enstehen, wenn man sich selbst angegriffen fühlt, man sich schützen und das Gegenüber wieder auf Distanz bringen will. Wenn man sich provoziert fühlt, werden Körper und Geist auf Alarm geschaltet. Der Geist wird hellwach und der Körper reagiert mit physiologischer Erregung: Anspannung, schneller Puls, Herzschlag bis in den Hals, Schwitzen. In einem solchen Erregungszustand lassen sich Konfliktsituationen schlecht lösen. Die Anspannung führt dazu, dass man zu Kurzschlussreaktionen neigt. Das Vorgehen in Situationen mit heftigem Ärger und Wut muss deshalb aus zwei Schritten bestehen:

– zunächst ist es wichtig, sich zu beruhigen, um wieder einen klaren Kopf und einen enstpannten Körper zu bekommen;
– und dann ist es entscheidend, den Konflikt zu lösen. Dazu können die 5 Punkte zur Problemlösung aus der letzten Einheit herangezogen werden.

Die beiden Schritte im Einzelnen

Wenn Kinder häufig in ihren Beziehungen die Erfahrung gemacht haben, dass Erregung mit Ärger und Wut einhergeht, kann es zu Kurzschlüssen in der Interpretation von Erregung kommen. Zu schnell wird diese dann mit Ärger assoziiert: Jemand sieht sich vor ein Problem gestellt, ist physisch erregt – heiß, angespannt, erhöhter Herzschlag – und gibt dann den eigenen Gefühlen einen Namen: „Das macht mich so wütend!" – was zu weiterer Erregung führt.

Das Konzept des Ärgermanagements versucht, den spiralförmigen Kreislauf der Ärgereskalation zu durchbrechen bzw. umzukehren, indem durch psychologische Techniken die physischen Erregungsmuster reduziert werden. Das für das FAUSTLOS-Curriculum entwickelte konkrete Verfahren ist in die folgenden vier aufeinanderfolgenden Schritte aufgeteilt:

1. Wie fühlt sich mein Körper an? Kinder nehmen körperliche Empfindungen als Hinweis darauf, dass sie ärgerlich sind, wahr.

2. Beruhige dich:
   - Hole dreimal tief Luft.
   - Zähle langsam rückwärts.
   - Denke an etwas Schönes.
   - Sage „Beruhige dich" zu dir selber.

   Schüler und Schülerinnen wenden Techniken zur Verminderung von Ärger an.

   Nachdem sich die Beruhigung eingestellt hat, kann man sich der Problemlösung zuwenden. Dann heißt es:

3. Denke laut über die Lösung des Problems nach. Die Kinder wenden die Problemlösestrategie an.

4. Denke später noch einmal darüber nach:
   - Warum habe ich mich geärgert?
   - Was habe ich dann gemacht?
   - Was hat funktioniert?
   - Was hat nicht funktioniert?
   - Was würde ich beim nächsten Mal anders machen?
   - Kann ich mit mir zufrieden sein?

Die Kinder denken noch einmal über den Vorfall nach und beurteilen ihr eigenes Verhalten.

Im Kindergarten sind die einzelnen Schritte weniger komplex. Sie sind dort so formuliert:
- Wie fühle ich mich?
- Hole dreimal tief Luft.
- Zähle langsam bis fünf.

- Sage „Beruhig dich!" zu dir selber.
- Sprich mit einem Erwachsenen über das, was dich ärgert.

Die Schritte werden in mehreren Lektionen unterrichtet. Die Wiederholung ist notwendig, damit jeder einzelne Schritt zum festen Handlungsrepertoire wird. Zur Unterstützung kann ein gut sichtbar aufgehängtes Poster dienen. Die Lehrkraft kann sich darauf beziehen, wenn die Kinder Schwierigkeiten mit Ärger- und Wutgefühlen haben.

Der Umgang mit Ärger und Wut ist gewöhnlich mit dem Problemlösen verbunden. Wenn sich der Ärger verringert hat, dann wird man besser mit der Situation umgehen, die ursprünglich den Ärger ausgelöst hatte. Der Umgang mit Ärger und Wut kann als eine Vorstufe dafür angesehen werden, sich mit anderen zu vertragen. Ebenso wie das in Einheit II beschriebene Problemlösen eignet sich diese Strategie dazu, mit besonderen Konfliktsituationen zurecht zu kommen, die im Kindesalter immer wieder auftreten können. Die folgenden Konfliktsituationen können mit den Kindern anhand des Umgang mit Ärger und Wut und des Problemlösungsverfahrens durchgesprochen werden:

- Sich aus einem Kampf heraushalten.
- Umgang mit Hänseleien und Neckereien.
- Umgang mit Kritik.
- Konsequenzen akzeptieren.
- Umgang mit Enttäuschungen.
- Umgang mit Vorwürfen.
- Sich beschweren.

Wie bei der Impulskontrolle dienen das laute Denken und das Selbstgespräch auch beim Umgang mit Ärger und Wut zur Steuerung der heftigen Gefühle.

Für den Umgang mit Ärger und Wut ist es besonders wichtig, dass die Übungen zur Beruhigung auf Situationen außerhalb des Klassenzimmers übertragen werden. Schließlich ereignen sich die meisten spannungsreichen Konfliktsituationen eher auf dem Schulhof, auf dem Spielplatz oder auf dem Weg nach Hause. Dort kommt es dann darauf an, dass die Kinder die in der Schule gelernten Techniken anwenden können.

Die Übertragung des Gelernten kann wiederum in der Abfolge der schon bekannten drei Schritte erfolgen. Zunächst kann man mit den Kindern *den Tag vorphantasieren*; dabei sollen die Kinder sich überlegen, bei welcher Gelegenheit sie sich eine Beruhigung wünschen würden: Beim Warten in einer Schlange, auf dem Nachhauseweg usw. Es gibt viele Möglichkeiten für Kinder, einzelne Schritte im Umgang mit Ärger und Wut im Tagesverlauf anzuwenden. Weil Kinder in diesem Alter oft Schwierigkeiten haben, diese selbständig zu nutzen, kann man ihnen dabei helfen. Konfliktsituationen, die mit Ärger und Wut einhergehen, kommen natürlich auch in der Klasse vor. Dann können sie direkt angesprochen werden. Manche Lehrerinnen richten im Klassenzimmer eine *Beruhigungsecke* ein, in die Kinder gehen können, um sich abzuregen und die Techniken anzuwenden. Wenn Sie *den Tag Revue passieren lassen*, sollten die Kinder Gelegenheiten benennen, bei denen sie die Beruhigungstechniken und Problemlösungen dieser Einheit benutzt haben.

Wichtig beim Fördern des Umgangs mit Ärger und Wut ist, dass immer die hinter der Wut liegenden Probleme oder Konflikte des Kindes beachtet und angesprochen werden. Wenn ein Kind in der Beruhigungsecke war, sollte immer auch eine Phase des Problemlösens folgen, in der auf die Beziehungen und Belange des Kindes eingegangen wird. Schließlich gab es für das Kind einen Grund, sich aufzuregen. Das dahinterliegende Problem sollte auch besprochen werden. In die Beruhigungsecke gehen kann vom Kind sonst so empfunden werden, dass es aus der Klassengemeinschaft ausgeschlossen wird. Damit das Kind eine positive Erfahrung macht, muss es erfahren, dass man sich für seine Probleme interessiert. Nur so kann das Kind erleben, dass es anerkannt und geschätzt wird. Wenn die Konflikte, die Ärger und Wut ausgelöst haben, nicht besprochen werden, dienen die Beruhigungstechniken nur zur Disziplinierung und schwächen das Selbstwertgefühl! Letztlich kann man mit den Schülerinnen und Schülern die Vorteile des Sich-beruhigen-Könnens in herausfordernden Situationen nur dann entdecken, wenn man auch den zweiten Schritt zur Problemlösung macht.

Bei den Kindern im Kindergarten sollten die Erzieherinnen berücksichtigen, dass es kleineren Kindern Schwierigkeiten bereitet, wütende Gefühle von wütenden Handlungen zu unterscheiden. Die Lektionen sind entsprechend gestaltet, damit die Kinder den Unterschied zwischen Gefühlen und Handlungen verstehen. Alle Lehrkräfte sollten daran denken, dass es kulturelle und individuelle Unterschiede in der Art und Weise gibt, Ärger und Wut auszudrücken.

Beispiellektion

Im Folgenden werden der Ablauf und die Unterrichtsstrategien einer FAUSTLOS-Lektion anhand eines Beispiels aus der Einheit Impulskontrolle detaillierter erläutert. Zur Illustration soll Lektion 4 „Umgang mit Beschimpfungen und Hänseleien" aus der Kindergartenversion dienen.

Das grundlegende Ziel dieser Lektion besteht darin, den kleinen Kindern sozial-emotionale Kompetenzen zu vermitteln, damit sie besser mit Beschimpfungen und Hänseleien umgehen können. Dazu müssen sie lernen, Bemerkungen von anderen Kindern zu ignorieren. Die Kinder sollen aber auch Strategien zum konstruktiven Umgang mit Beschimpfungen und Hänseleien lernen. Mit Hilfe sogenannter Ich-Botschaften können sie dem anderen Kind mitteilen, wie man sich bei solchen Bemerkungen fühlt.

Die Erzieherinnen sollten sich darüber im Klaren sein, dass Beschimpfungen und Hänseleien nicht immer negativ und verletzend sind. Sie werden oft auch spielerisch verwendet, insbesondere bei kleineren Kindern und innerhalb bestimmter Kulturen. Kinder unter fünf Jahren können noch nicht sehr gut zwischen Bemerkungen unterscheiden, die spielerisch gemeint sind und solchen, die verletzen sollen. Diese Lektion ist am besten für Vorschulkinder geeignet, die bereits über ein komplexeres Verständnis absichtlicher Handlungen verfügen. Die Regel für Hänseleien lautet „Wenn es mich verletzt / ärgert / traurig macht, soll die andere Person damit aufhören", unabhängig davon, ob es nur ein Spiel ist oder nicht.

Der wilde Willi und die ruhige Schneck

Wie im Kindergarten üblich, können zu Beginn der Lektion in der Aufwärm-Phase der „Wilde Willi" und die „Ruhige Schneck" zum Einsatz kommen. Die ruhige Schneck könnte gehänselt und mit Schimpfwörtern bedacht werden, bis sie sich wehrt und den wilden Willi in seine Schranken verweist. Die Erzieherin kann an dieser Stelle auch darauf hinweisen, dass der „wilde Willi" eigentlich nur „Willi" heißt und die „ruhige Schneck" nur „Schneck". Die Erzieherin hat beiden schon einen Namen (wild bzw. ruhig) gegeben, der den beiden vielleicht gar nicht gefällt. Sie kann dann sagen, dass man manchmal solche Namen-Spiele spielt, die Spaß machen, wie z. B. der „Wilde Willi" und die „Ruhige Schneck". Namen-Spiele können Spaß machen, manchmal aber auch die Gefühle verletzen. Wenn jemand die Neckereien / Hänseleien nicht mehr lustig findet, sollte das Spiel beendet werden.

Die Erzieherin hat nach dieser Eröffnung die Möglichkeit, das aktuelle Thema für die Stunde einzubringen.
„Heute sprechen wir darüber, was ihr machen könnt, wenn ihr gehänselt werdet und das nicht wollt, weil es euch verletzt".
Das nachfolgende Photo wird den Kindern gezeigt: „Das sind Anna und Patrick. Anna ist auf dem Weg zum Kindergarten. Patrick läuft ihr hinterher, stubst sie und gibt ihr komische Namen wie „rote Kröte!"

Abbildung 6: Photo von Anna und Patrick

Die Erzieherin versucht dann, mit den Kindern ins Gespräch zu kommen. Sie könnte fragen:

1. Was denkt ihr, wie fühlt sich Anna? – Sie ist traurig, wütend, verletzt.

   Nach den Bemerkungen der Kinder kann die Szene von der Erzieherin zusammengefasst werden: Anna möchte am liebsten schreien. Sie würde Patrick gerne beschimpfen.

2. Was würde passieren, wenn Anna nun auch Patrick beschimpfen würde? – Sie könnten anfangen zu kämpfen; Patrick könnte sich verletzt fühlen. Sie werden keine Freunde werden.

3. Was kann Anna tun, um sich zu beruhigen? – Die drei Möglichkeiten zur Beruhigung werden in der Reihenfolge durchgesprochen, in der die Kinder sie nennen: Dreimal tief einatmen, langsam bis fünf zählen, zu sich selber sagen: „Beruhige dich".

4. Was kann Anna noch tun? – Patrick sagen, wie sie sich fühlt. Ihn auffordern, damit aufzuhören. Ihm nicht zuhören; es jemandem erzählen.

Die Erzieherin versucht, mit den Kindern im Gespräch zu bleiben und ermutigt sie, möglichst viele Gedanken einzubringen. Sie könnte sagen: „Das ist eine Idee, was könnte sie noch tun?" Die Konsequenzen von Hänseleien und Beschimpfungen sollten ebenfalls angesprochen werden:

5. Was würde passieren, wenn ...? – Es könnte Streit geben, Anna könnte sehr wütend werden.

Schließlich sollten die Möglichkeiten für Anna besprochen werden, sich zu wehren.

6. Wenn dich jemand hänselt, was glaubst du, würdest du tun?

Die Erzieherin kann die Bemerkungen der Kinder wieder zusammenfassen und ihnen die folgenden Empfehlungen geben.

Wenn ihr von jemand anderem nicht mehr gehänselt oder geneckt werden wollt, dann gibt es drei Dinge zu beachten:

1. Beruhigt euch.
2. Sagt: „Es verletzt mich, wenn du mich neckst" oder „Ich mag nicht, wenn du mich hänselst."
3. Sagt: „Hör damit auf."

Wenn das nicht funktioniert und der oder die andere weitermacht, dann erzählt es jemandem.

Die einzelnen Schritte werden mit den Kindern in Rollenspielen geübt. Wie bei FAUSTLOS üblich, hat das Rollenspiel wieder zwei Phasen. Zunächst spielt die Erzieherin vor, wie sie reagiert, wenn sie gehänselt wird. Die Kinder werden in dieser Übung zum Beispiel aufgefordert, ihr alle möglichen Schimpfwörter nachzurufen, solange sie im Kreis herumläuft. Sie sagt dann zum Beispiel: „Hört auf – ich will nicht, dass ihr mich so beschimpft!" Die Erzieherin nützt wieder ihre gute Beziehung zu den Kindern als eine wesentliche Bezugsperson, damit die Kinder sich mit ihr und ihrem Verhalten identifizieren können.

In der zweiten Phase werden die Kinder aufgefordert, selbst ein „So tun als ob"-Spiel zu spielen. Was würden die Kinder beispielsweise zu jemandem sagen, der sie Heulsuse nennt. Die Kinder sollen sagen können: „Ich bin ..., wenn Du mich hänselst" und anschließend sagen: „Hör auf damit." Sie können aber auch eigene Hänseleien einbringen und die Antwort darauf miteinander üben.

Zum Schluss der Lektion kann zum besseren Transfer des Gelernten überlegt werden, was auf dem Weg nach Hause an Hänseleien passieren könnte. Am nächsten Tag können die Kinder gefragt werden, ob sie eine Hänselei oder Beschimpfung erlebt haben. Ganz wichtig ist natürlich, dass die Erzieherin auf diese Lektion zurückkommt, wenn sie ganz aktuell den Eindruck hat, dass ein Kind sich durch die Neckereien oder Beschimpfungen eines anderen Kindes gekränkt oder beleidigt fühlt. Dann kann sie mit beiden Kindern unmittelbar die einzelnen Schritte durchgehen, wie man diese Situation konstruktiv lösen kann. Die Lektion ist besonders gut geeignet, gerade den gehemmteren Kindern Strategien an die Hand zu geben, damit sie sozial-emotional kompetenter und dadurch weniger häufig zu Opfern werden. FAUSTLOS trägt so dazu bei, dass manche Kinder konstruktiv ihre Aggressivität einsetzen. Manchmal profitieren gerade Mädchen sehr in dieser Hinsicht.

Die Erzieherinnen sollten die Kinder wissen lassen, dass sie für sie da sind, wenn sie Probleme mit anderen Kindern haben, die sie ständig ärgern. Die Erzieherin kann dann aktiv diese Kinder unterstützen, die gelernten Schritte im Umgang mit Hänseleien umzusetzen.

Elternbrief und Elternabend

Am Ende dieser Lektion gibt die Erzieherin den Kindern einen Elternbrief mit nach Hause. Damit die Kinder FAUSTLOS auch in ihrer Familie anwenden und vertiefen können, sollten die Eltern regelmäßig über die Lektionsinhalte informiert werden. Neben den Informationen über das, was die Kinder mit FAUSTLOS lernen, können die Elternbriefe auch Anregungen und Hinweise auf zusätzliche Übungen enthalten. Es wurden solche Übungen ausgewählt, die Spaß machen und leicht durchzuführen sind.

Elternbriefe und ein Elternabend reichen jedoch nicht aus, um die Eltern aktiv einzubeziehen. Im dritten Teil dieses Buches wird deshalb beschrieben, wie Eltern das sozial-emotionale Lernen ihrer Kinder zu Hause in der Familie unterstützen können. Die Zusammenarbeit zwischen Eltern, Kindergarten und Schule ist entscheidend, damit die Kinder in den unterschiedlichen Beziehungskontexten im sozial-emotionalen Lernen in ähnlicher Weise gefördert werden. Eltern können ihre Kinder ebenfalls in der Empathie, in der Problemlösung und im Umgang mit heftigen Gefühlen wie Ärger und Wut unterstützen.

Teil III

Kompetente Eltern mit FAUSTLOS

Wie können Eltern
das sozial-emotionale Lernen
der Kinder unterstützen?

Kapitel 7

Wie können Sie die Empathie bei Ihrem Kind fördern?

Die Familienstrukturen sind heute sehr vielgestaltig. Familien mit zwei Eltern und einem bzw. zwei Kindern sind zwar immer noch am häufigsten anzutreffen, Ein-Eltern-Familien nehmen jedoch zu. Oft wird dann eine gute Freundin, ein Freund oder die Großmutter zum Partner. Im Folgenden werden Sie als Eltern angesprochen, auch wenn Sie alleinerziehend oder Vater oder Mutter in einer neu zusammengestellten Familie sind. Die Kapitel sind so formuliert, dass sie sowohl von der Mutter als auch vom Vater durchgearbeitet werden können. Am besten wäre es natürlich, wenn Sie beide sich als die primären Bezugspersonen für Ihr Kind mit den FAUSTLOS-Inhalten vertraut machen würden. Wenn sich Partner unterstützen und Eltern in der Erziehung am selben Strang ziehen, wird vieles einfacher und manches im Erziehungsalltag weniger belastend. Die Kinder können sich dann nicht nur mit Mutter oder Vater identifizieren. Die vorgelebte Beziehung und die Partnerschaft der Eltern wird für sie darüber hinaus zu einem Modell.

Es gibt im Wesentlichen zwei Möglichkeiten, durch die Sie Ihren Kindern sozial-emotionale Kompetenzen vermitteln können. Am wichtigsten ist, dass Sie für Ihre Kinder ein gutes Vorbild sind und entsprechend handeln. Dazu müssen Sie sich mit Ihren Werten und Normen in Ihrer Erziehung auseinandersetzen. Darüber hinaus ist es wichtig, dass Sie Ihr Kind ermutigen, sich sozial kompetent (z. B. empathisch) zu verhalten und auf andere Rücksicht zu nehmen ohne die eigenen Interessen hintanzustellen. Dazu ist es notwendig, dass Sie das Selbstgefühl Ihres Kindes stärken.

Vorbild sein – Ihre Werte und Normen in der Erziehung

Als Eltern verfügen Sie über Kompetenzen in der Erziehung, die für eine empathische Beziehung Ihres Kindes wichtig sind: Sie erinnern sich, wie ihre Kindheit war und wie Sie selbst als Kind behandelt wurden. Durch diese Erfahrungen können Sie sich – falls Sie ausreichend gute Erfahrungen in der Kindheit gemacht haben – als Schutzbefohlene ihrer Kinder in deren Nöte, Ängste und Wünsche etc. einfühlen. Mit dieser empathischen Kompetenz werden Sie zu einem Modell für Ihr Kind, das Ihnen viele Umgangsformen mit anderen Menschen abschauen wird. Dabei spielt es meistens weniger eine Rolle, was Sie sagen oder dem Kind erklären. Ihr Kind identifiziert sich hauptsächlich mit dem, was Sie tun. Wahrscheinlich haben Sie schon einmal einen Skilehrer beobachtet, wenn er im Schneepflug einer Gruppe von Kindern vorausfährt. Wenn er den vierjährigen Kindern den Schneepflug erklären will, hat er keine Chance, dass die Kinder das Skifahren lernen. Wenn er einfach im Schneepflug den Kindern voraus den Berg hinunterfährt, dient er als Modell und alle Kinder machen es ihm sogleich nach.

Die Erziehung gleicht oft einer Berg- und Talfahrt und Sie müssen den Kindern auch immer wieder Hindernisse aus dem Weg räumen. Die (hoffentlich) häufigen Situation zwischen glücklichen Eltern und glücklichen Kindern sind eher unproblematisch. Aber es geht nicht immer nur angenehm zu. In den schwierigeren Phasen mit den Kindern kann das Modellsein zur Last werden. Schließlich identifizieren sich die Kinder nicht nur mit unseren guten Seiten. Kinder verinnerlichen sehr schnell auch die negativen Verhaltensweisen, weil diese oft mit heftigeren Gefühlen wie Wut oder Verachtung verbunden sind und hochemotionale Handlungen offenbar besonders effizient im Gehirn abgespeichert werden. Die von den eigenen Eltern erworbene elterliche Kompetenz ist deshalb auch eine Verpflichtung gegenüber den Kindern, für bestimmte Werte und Normen einzutreten und diese zu vertreten. Ein Kind zu erziehen bedeutet, ihm auch dann ein Vorbild zu sein, wenn einem eigentlich gar nicht danach ist. Dann gilt es, sich selbst an eben diese Werte und Normen zu halten, was nicht immer leicht fällt.

Was sind Ihre Werte, die Sie in Ihrer Erziehung vermitteln wollen? Es lohnt, sich darüber immer wieder Gedanken zu machen. Da sich das Kind in jedem Fall mit Ihren Beziehungsmustern und Verhaltensweisen identifizieren wird, sollte es sich mit den Werten und Normen identifizieren, die Sie in Ihrer Familie für gut halten. Es ist sehr wichtig, dass Sie für Ihre Werte einstehen, damit Sie diese auch gegenüber dem Kind in Konfliktsituationen vertreten können. Es ist deshalb sehr anzuraten, dass Sie sich als Eltern – oder falls Sie alleinerziehend sind mit einer anderen Bezugsperson des Kindes – über Ihre Wertvorstellungen austauschen, denn diese werden unmittelbar wirksam werden, wenn es bei Ihrem Kind um Zuverlässigkeit, Ehrlichkeit, Respekt gegenüber anderen, Ordnung usw. geht. Dann sollten Sie Position beziehen können.

Manchmal sind die Wertvorstellungen sehr individuell geprägt. Oft sind sie auch von der Familientradition beeinflusst. Doch alle Eltern sollten mit gewissen grundlegenden Werten übereinstimmen. Es sind die sieben Grundbedürfnisse von Kindern, die bereits im Kapitel 1 dargestellt wurden. Demnach hat jedes Kind ein Recht auf das Bedürfnis nach (1) beständigen liebevollen Beziehungen, (2) körperlicher Unversehrtheit, Sicherheit und Regulation, (3) Erfahrungen, die auf individuelle Unterschiede zugeschnitten sind, (4) entwicklungsgerechten Erfahrungen, (5) Grenzen und Strukturen, (6) stabilen, unterstützenden Gemeinschaften und (7) kultureller Kontinuität. Idealerweise sollten alle Familien dazu beitragen, dass sie bei ihren Kindern diese Bedürfnisse stillen können.

Die Identität des Kindes

Ein Kind wird sich nicht nur mit den Eltern als Vorbilder identifizieren. Mit seiner eigenen genetischen Ausstattung und seinen eigenen subjektiven Erfahrungen mit anderen Menschen wird es kein Abbild der Eltern, sondern eine eigene Persönlichkeit. Die Erziehung sollte die individuellen Eigenschaften, Talente und Vorhaben des Kindes fördern, damit sich bei ihm eine sichere Identität ausbilden kann. Am Ende der Entwicklung steht beim Kind ein Gefühl für sich selbst, was die eigenen Interessen sind und worin es sich von anderen Kindern unterscheidet. Ein Kind mit einem angemessenen Selbstgefühl hat es nicht nötig, sich auf Kosten anderer Kinder zu „erhöhen" und kann sich auch eigene Schwächen eingestehen. Wenn im Folgenden von der Stärkung des Selbstwertgefühls gesprochen wird, ist ein Kind gemeint, das sich selbstsicher in eine Gemeinschaft einbringt und sich sozial verhält.

Sie sollten die FAUSTLOS-Kapitel nur als Hilfestellungen sehen. Viele Übungen kommen Ihnen vielleicht sehr idealisiert vor. Machen Sie sich bewusst, dass es nur Beispiele sind und keine Rezepte! Niemand, auch nicht die FAUSTLOS-Autoren, können Ihnen genau sagen, was Sie in einer bestimmten Situation tun sollten. Aber das Buch kann Ihnen einige Leitlinien liefern, wie Sie manches mit Ihrem Kind zusammen entwickeln können. Eltern können auch nie genau wissen, was für das Kind das Richtige ist. Sie können deshalb auch nie perfekt sein. Sie müssen versuchen, sich in das Kind einzufühlen, damit sie erahnen, was für dieses spezielle Kind wohl angemessen ist. Nicht immer liegt man damit im guten oder grünen Bereich. Sie können das Kind aber anleiten, dass es selbst zunehmend besser herausfindet, was es benötigt und wie es selbst dazu beitragen kann, seine Bedürfnisse zu befriedigen. Als Eltern werden Sie deshalb versuchen, dem Kind nicht vorzuschreiben, welche Gefühle es beispielsweise in einer bestimmten Situation haben sollte, sondern Sie werden es ermutigen, dies selbst herauszufinden. Ihr Lob und Ihre Ermutigung sind allerdings sehr wesentlich, damit Ihr Kind sich in soziale Situationen einbringt und Selbstvertrauen entwickelt. Loben Sie Ihr Kind, wenn es etwas tut, was Ihnen gefällt. Sagen Sie Ihrem Kind, was genau Ihnen gefällt und erzählen Sie ihm, welche Gefühle das bei

Ihnen auslöst. Respektieren Sie aber auch den eigenen Weg des Kindes.

Um Kinder selbständig werden zu lassen, hilft man ihnen, sich mit dem „Weg" und nicht mit einem vorgegebenen Verhaltensmuster zu identifizieren, damit sie ihr eigenes Verhalten bestimmen und regulieren können. Das sichert langfristig ihre ganz besondere eigene Identität.

Zusammengefasst: FAUSTLOS ist kein Programm, das den Kindern das Verhalten vorgibt. Es konzentriert sich darauf, den Kindern sozial-emotionale Kompetenzen zu vermitteln, die ihnen helfen, ihr eigenes Verhalten und ihre eigene Identität zu entwickeln. Es wird kein Verhalten gelernt, das von einigen Erwachsenen als „richtig" eingeschätzt wird, sondern es werden „Prozeduren" oder „Funktionen" des sozial-emotionalen Lernens angeboten Kurz: Gelehrt wird das Wie und nicht das Was! Der Respekt vor der Einzigartigkeit eines jeden Individuums gebietet dies. Dieses grundlegende Verständnis von Erziehung ist auch die Leitlinie für die im Folgenden dargestellte Elternarbeit.

Wie können Eltern die Empathie der Kinder fördern?

In Kapitel 4 wurde Empathie definiert als die Fähigkeit, sich in andere Personen einfühlen, ihre Perspektive übernehmen und angemessen reagieren zu können. Um diese Kompetenz erwerben zu können, muss ein Kind lernen, Gefühle zu *erkennen* (z. B. sich glücklich, traurig, ärgerlich fühlen), zu *erahnen*, wie andere Menschen sich fühlen (indem es sich in andere hineinversetzt) und anderen sein *Mitgefühl zu zeigen* (indem es auf die Gefühle anderer reagiert). Empathie ist eine wichtige Fähigkeit, die Ihrem Kind zu einem erfolgreichen Leben verhelfen kann. Ihr Kind sollte diese Fähigkeit genauso wie Lesen oder Fahrradfahren erlernen. Ohne die Fähigkeit, die Gefühle anderer zu erkennen und zu verstehen, können Kinder nicht ihr Verständnis für und ihre Sorge um andere zum Ausdruck bringen. Voraussetzung für den empathischen Umgang mit einer anderen Person ist die Fähigkeit, eine Situation aus der Perspektive dieser anderen Person sehen zu können. Ohne die Fähigkeit zur Empathie ist es den meisten Kindern nur schwer möglich, Probleme zu lösen oder mit Ärger umzugehen.

In den FAUSTLOS-Lektionen im Kindergarten und in der Schule werden die Kinder spielerisch erarbeiten, dass ...

- Menschen sich in ihren Gefühlen voneinander unterscheiden können: Ein Kind hat Angst davor, auf einen Baum zu klettern, dem anderen macht das sehr viel Spaß;
- sich Gefühle verändern;
- manche Dinge absichtlich und manche unabsichtlich geschehen;
- es wichtig ist, sich zu entschuldigen, wenn man z. B. jemanden aus Versehen geärgert hat.

Als Eltern können Sie die FAUSTLOS-Arbeit unterstützen, wenn Sie ebenfalls die Kernkompetenzen der Empathie zu Hause fördern. Sie können mit ihrem Kind üben,

- anderen zuzuhören;
- Gefühle bei sich selbst und bei anderen zu erkennen;
- die Gefühle anderer vorherzusagen: „Wenn ich mir jetzt den Ball schnappe, dann könnte Tina traurig sein";
- anderen zu sagen, wie man sich fühlt: Ich-Botschaften wie: „Ich fühle mich traurig, wenn du weggehst".

Diese Kernkompetenzen sollen im folgenden durch Beispiele veranschaulicht werden.

Einfühlsames Zuhören

Zuhören ist wichtig, um die Interessen und die Gefühle der anderen Person zu verstehen. Wenn ich jemandem zuhöre, nehme ich ihn ernst. Ich zeige ihm meine Wertschätzung und meinen

Respekt. Für alle Kinder ist es wichtig, sich angenommen zu fühlen. Diese Wertschätzung erfahren nicht alle Kinder. Mangelhafte Kommunikation und schlechtes Zuhören ist in vielen Familien immer wieder anzutreffen. Das kann natürlich sehr viele Gründe haben. Man kann auch nicht immer den Kindern die ungeteilte Aufmerksamkeit zukommen lassen. Zuhören ist nicht angemessen, wenn sich Ihr 10-jähriger Sohn nachts um 12 Uhr darüber beschwert, ins Bett zu müssen!

Einige Kinder unterbrechen andere sehr schnell, manche von ihnen sind sehr aufgeweckt. Sie fangen selbst an zu erzählen, bevor ein anderer einen Gedanken zu Ende gesprochen hat. Vielleicht sind sie so „vorlaut", weil sie zu wissen glauben, was als nächstes folgt. In diesem Fall sind sie sehr konzentriert, reagieren aber wenig sensibel. Andere sind manchmal nur unhöflich. Unterstützen Sie Ihr Kind darin, so lange zu warten, bis die anderen einen Gedanken zu Ende geführt haben.

Eltern können auch ihr eigenes Zuhören fördern, sich aber auch um das Zuhören ihrer Kinder bemühen. Die beste Möglichkeit, die Familienkommunikation zu verbessern, besteht darin, die Fähigkeit zum einfühlsamen Zuhören zu üben. Es ist gar nicht so einfach, nur zuzuhören, ohne dabei gleich loszureden oder zu kritisieren. Nicht immer fällt es leicht, den Kindern zuzuhören, wenn sie von ihren täglichen Aktivitäten erzählen, von Auseinandersetzungen mit Freunden oder von ihren Problemen mit ihrem Aussehen sprechen. Aber wenn wir ihnen heute zuhören, dann vergrößern wir dadurch erheblich die Chance, dass sie morgen mit ernsthafteren Problemen zu uns kommen. Deshalb ist es besonders wichtig, dem Kind wirklich zuzuhören, wenn es mit einem Problem auf Sie zukommt. Dann sollten Sie versuchen, das Problem nicht mit einem schnellen Ratschlag aus der Welt zu schaffen. Genauso falsch kann es sein, das Kind vom Problem abzulenken oder ihm das Problem aus der Hand zu nehmen. Richtiges Zuhören bedeutet Aufmerksamkeit und Interesse am Problem. Zuhören ist manchmal ganz schön schwierig (vor allem wenn man sehr beschäftigt ist) und braucht deshalb etwas Übung. Schaffen Sie sich und Ihrem Kind die Umgebung, die das einfühlsame Zuhören möglich macht.

Thomas Gordon, ein bekannter Familientherapeut, hat in der Konzeption der Familienkonferenz das aktive Zuhören beschrieben. Beim aktiven Zuhören ist Augenkontakt wichtig, z. B. dann, wenn der Zuhörer das Gehörte mit eigenen Worten zusammenfassend wiederholt. Aktives Zuhören fördert die Sensibilität gegenüber anderen Menschen. Es gibt auch andere Situationen, die es dem Kind erleichtern, sich zu öffnen, z. B. wenn die Mutter gerade bügelt. Effektives Zuhören kann in jeder Familie anders aussehen.

Bei konflikthaften Auseinandersetzungen fällt es den Eltern manchmal schwer, sich wertschätzend zu verhalten. Statt über das aktive oder einfühlsame Zuhören Verständnis und Respekt zu vermitteln, reagieren Eltern manchmal auch verständnislos, abwertend und ablehnend gegenüber ihrem Kind und seinen Empfindungen. Zu diesen, für die Konfliktlösung in der Regel destruktiven Reaktionsformen, zählt Gordon z. B. Befehle, Anordnungen, Ermahnungen, Drohungen, Beschimpfungen, Belehrungen, Verurteilungen, Beschuldigungen, Verharmlosungen, Überredungen und Ablenkungen.

Ein Beispiel

Tim: Ich mag den Salat nicht essen.
Mutter: Salat ist aber gesund, also iss jetzt! *Belehren, Befehlen.*
Tim: Ich mag aber nicht.
Mutter: Hier wird gegessen, was auf den Tisch kommt! *Anordnen.*
Tim: Ich finde Salat aber ekelig.
Mutter: Jetzt stell dich nicht so an. Dein Bruder hat auch nicht so ein Theater gemacht. *Verharmlosen, Beschuldigen.*
Tim: Ist mir egal. Ich will dieses Zeug nicht essen.
Mutter: Es ist doch immer dasselbe mit dir. Du bleibst hier solange sitzen, bis du den Teller leer gegessen hast! *Beschimpfen, Drohen.*

Die Erwiderungen der Mutter zeichnen sich in dieser Szene durch Abwertungen und Ablehnung aus. Statt die Äußerung von Tim zunächst anzunehmen, geht sie in die Konfrontation und trägt so zu einer Eskalation der Situation bei. Dabei bleiben die Motive für Tims Verhalten und die dabei beteiligten Emotionen unklar.

Im Unterschied dazu geht es beim aktiven Zuhören darum, Konfrontationen zu vermeiden. Statt Meinungen abzulehnen, Standpunkte zu diskutieren oder in Frage zu stellen und Bewertungen vorzunehmen, werden die Äußerungen des Gesprächspartners ohne Kommentar angenommen. Diese Haltung vermittelt Wertschätzung und Respekt gegenüber der anderen Person und macht es möglich, sich in deren Erlebniswelt einzufühlen, so dass die Äußerung verständlich wird. Im folgenden Beispiel ist die Ausgangssituation die gleiche, wie die eben beschriebene. Durch das aktive Zuhören der Mutter nimmt das Gespräch jedoch einen ganz anderen Verlauf.

Tim: Ich mag den Salat nicht essen.
Mutter: Du hast keinen Hunger?
Tim: Doch, aber ich will keinen Salat.
Mutter: Du würdest gerne etwas anderes essen.
Tim: Stimmt, Pommes und Hamburger zum Beispiel. Hier gibt's immer nur diese gesunden Sachen.
Mutter: Du hättest gerne abwechslungsreicheres Essen.
Tim: Ja, vor allem nicht immer dieses Salatzeug. In meiner Klasse nennen Sie mich schon Körnerfresser.
Mutter: Deine Klassenkameraden hänseln dich, weil wir gesunde Sachen essen?
Tim: Ja. Morgen werden sie mich wieder fragen: „Und, gab's wieder Körner bei euch zu Hause?"
Mutter: Das ist eine sehr unangenehme Situation für dich.
Tim: Unangenehm ist gut. Es ist blöd. Ich weiß nicht, was ich dann sagen soll.
Mutter: Hmh, und was machst du dann?

Tim: Naja, manchmal lasse ich sie einfach quatschen. Aber es gibt Tage, da bringe ich das einfach nicht.
Mutter: Du meinst, am liebsten würdest du das Gequatsche einfach ignorieren. Aber das es klappt nicht immer.
Tim: Ja, nicht immer. Aber immer öfter.

Es gibt wiederum zwei Möglichkeiten, um bei Ihren Kindern das Zuhören zu fördern. Das Wichtigste ist, dass Sie für Ihre Kinder darin ein gutes Vorbild sind und auch entsprechend Ihrem Kind zuhören. Eine weitere Möglichkeit ist die folgende Übung, mit der die Kinder lernen können:

- körperliche und sprachliche Kriterien des aktiven Zuhörens zu zeigen.
- Hinweise auf nicht-aktives Zuhören zu erkennen.
- Informationen in einer zusammenfassenden Aussage zu wiederholen.

Achten Sie auf eine Situation, bei der ein Freund oder eine Freundin Ihrem Kind etwas erzählt: Ein Problem, das Ihr Kind gerade in der Schule hat oder eine aufregende Erfahrung, die es im Zoo gemacht hat, etc. Gut wäre, wenn es eine Geschichte wäre, bei dem Ihr Kind auch emotional beteiligt war. Mit den folgenden Fragen können Sie Ihr Kind ermutigen, das aktive Zuhören zu üben. Sie könnten fragen:

1. Glaubst du, dass du Karin zugehört hast? – Ja. – Woran merkst du das? – Ich habe ihr in die Augen gesehen oder sie angesehen. Ich war nicht gleichzeitig mit etwas anderem beschäftigt.

2. Machen wir das in unserer Familie auch so, wenn wir zuhören? – Wir nicken mit dem Kopf. Wir sagen, dass wir verstanden haben.

3. Was glaubst du, wie fühlt sich Karin, wenn sie erkennt, dass du ihr zuhörst? – Sie freut sich, sie erzählt dann noch mehr.

4. Wie würde Karin sich verhalten, wenn du ihr nicht zuhören würdest? – Sie würde wegschauen, unruhig sein, etwas anderes machen, dazwischen reden.
5. Wie würdest du dich fühlen, wenn Karin dir nicht zuhören würde? – Ich wäre beleidigt.
6. Warum könnte es wichtig sein, jemandem zu zeigen, dass du ihm zuhörst? – Andere mögen mich dann eher; andere erfahren so, dass man an ihnen interessiert ist.

Manchmal fällt es schwer, aufmerksam zuzuhören, vor allem dann, wenn jemand lange redet, wenn du in Zeitdruck bist oder wenn dich gerade etwas anderes mehr interessiert.

7. Was könntest du noch tun, um aufmerksam zu bleiben, wenn es dir schwer fällt zuzuhören? – Sich von dem abwenden, was ablenkt. Einen ruhigeren Ort aufsuchen. Die andere Person bitten, auf den Punkt zu kommen.

Wenn Sie den Eindruck hatten, dass Ihr Kind sehr gut mitgemacht hat, können Sie zum Schluss die Bemerkung machen: „Ich hatte jetzt den Eindruck, dass wir uns sehr gut zugehört haben!"
Wenn Sie die Aufgabe noch vertiefen wollen, können Sie mit Ihrem Kind das Zuhören mit den folgenden Themen üben:

- Mein Lieblingsspiel
- Mein Lieblingsessen
- Ein Moment, in dem ich mich erschrocken habe
- Ein Moment, in dem ich viel Spaß hatte
- Etwas Aufregendes, das ich getan habe
- Unsere Familie

Am besten wechseln Sie sich mit dem Erzählen und Zuhören ab, dann macht es mehr Spaß. Wenn Sie bei Ihrem Kind in einer bestimmten Situation beobachten konnten, dass es aktives Zuhören gezeigt hat, können Sie sagen: „Du hast gut zugehört. Karin hat sich sehr ernst genommen gefühlt".

Erkennen von Gefühlen

Von Beginn des Lebens an haben Sie Ihrem Baby anvertraut, welche Gefühle es gerade bei Ihnen hervorgerufen hat, z. B. „Das macht mich glücklich, wenn du alles austrinkst". Sie haben auch die Gefühle des Babys erahnt und diese in Worte gefasst „Das hat Dich jetzt aber überrascht!" In Kapitel 4 wurde beschrieben, wie dieses Spiegeln der Gefühle dazu führt, dass beim Kind ein Repertoire an Gefühlen entsteht, das ihm in der Abstimmung mit anderen Menschen später entscheidend weiterhilft. Das, was in den ersten Lebensjahren galt, bleibt auch weiterhin für Ihr Kind sehr wichtig. Wenn Sie auf die Gefühle ihres Kindes eingehen und über seine Gefühle mit ihm sprechen, dann wird es sich ernst genommen fühlen und die Gefühle von anderen besser verstehen. Sie können aber auch bei Ihrem Kind diese Kompetenz direkt fördern.

- Wenn Sie ein Buch vorlesen, dann sprechen Sie darüber, wie die Personen in der Geschichte sich fühlen und ob Sie selbst und Ihr Kind sich schon einmal genauso gefühlt haben. Viele Märchen eignen sich sehr gut zur Beschreibung von Gefühlen.

- Wenn Ihr Kind ein Gefühl zeigt, dann helfen Sie ihm, dieses Gefühl zu benennen: „Ich sehe, dass du die Stirn runzelst. Wie fühlst du dich?"

- Wenn Sie bei einem anderen Menschen zufälligerweise ein Gefühl gemeinsam beobachten, fragen Sie ihr Kind danach: „Hast Du gesehen, wie es dem Mann gerade ging?"

Versuchen Sie auf die unterschiedlichen Gefühle wie Freude, Überraschung, Traurigkeit, Ärger, Ekel oder Angst in den alltäglichen Situationen zu achten. Diese Gefühle spielen auch in den Geschichten eine Rolle, die Ihr Kind mit nach Hause bringt und Ihnen erzählt. Sie können dann jeweils die Frage einstreuen: „Woran hast du erkannt, dass Andreas so traurig ist?" – An seiner traurigen Stimme, er weinte, er saß ganz still da.

Achten Sie dabei auf den sprachlichen Ausdruck Ihres Kindes. Die Sprache spielt eine wichtige Rolle bei der Entwicklung von Empathie und anderen Fähigkeiten, die zum Problemlösen gebraucht werden. Je besser der sprachliche Ausdruck, umso differenzierter gelingt es den Kindern, Situationen, eigene und fremde Gefühlszustände wahrzunehmen und zu beschreiben.

Versuchen Sie auch, Ihrem Kind deutlich zu machen, dass es sich vielleicht in der Situation von Andreas anders gefühlt hätte. Es ist immer wieder wichtig, dass Ihr Kind seine Gefühle erkennt und beschreibt und diese von anderen unterscheidet. Das Reden über Gefühle ist deshalb so wichtig, damit Kinder sich trauen, positive und negative Gefühle offen zu äußern. Sie sollten keine Angst haben, sich wegen eines Gefühls schämen zu müssen oder dafür verurteilt zu werden. Dies gilt natürlich besonders für die negativen Gefühle, die in manchen Entwicklungsphasen oder in kritischen Zeiten deutlicher zum Vorschein kommen. Die Trotzphase ist nicht die einzige Entwicklungsphase, in der negative Gefühle und deren Bewältigung in den Vordergrund rücken. Unter Belastungen reagieren viele Kinder gefühlsbetonter. In diesen Phasen ist es für Eltern wichtig zu wissen, dass sich Gefühle auch wieder ändern können. Diese Rückmeldung ist auch für die Kinder wichtig, weil sie selbst unter den negativen Gefühlen leiden.

Der Umgang mit heftigeren negativen Gefühlen wird in Kapitel 9 detaillierter besprochen.

Das Verwenden von „Ich-Botschaften" und „Wenn–dann-Äußerungen"

Nehmen wir einmal an, Sie beobachten zwischen Karin und Andreas die folgende Szene:

Nachdem Karin im Monopoly-Spiel nach der Parkstraße auch noch die Schlossallee gekauft hat, wirft Andreas seinen Würfel ins Spielfeld und sagt: „Ich spiele nicht mehr mit!" Darauf könnte Karin sagen. „Du Spielverderber" oder „Du kannst ja noch gar nicht verlieren!" usw. "Mit diesen Bemerkungen würde sie Andreas in seinem Selbstwertgefühl noch kleiner machen, so dass dieser erst recht keine Lust zum Weiterspielen hätte.

Empathischer wäre eine sog. „Ich-Botschaft" an dieser Stelle. Karin könnte zum Beispiel sagen: „Es enttäuscht mich sehr, wenn wir so gut miteinander gespielt haben und du plötzlich alles hinwirfst, nur weil es bei dir gerade mal nicht so gut läuft!" Mit der Ich-Botschaft bleibt sie zunächst bei sich selbst, sie hätte ihr Gefühl der Enttäuschung zu erkennen gegeben und ihr Interesse an Andreas als Spielpartner bekundet.

Als Vorbild können Sie Ich-Botschaften in Ihren Sprachgebrauch einbauen. Wenn Sie eine Aussage als „Ich-Botschaft" formulieren, weiß Ihr Kind genau, was sein Verhalten bei Ihnen auslöst. Bei „Ich-Botschaften" fühlen sich Kinder weniger angegriffen und sind eher bereit zuzuhören und ihr Verhalten zu ändern. Eine „Du-Botschaft" – „Du bist so unordentlich!" oder „Wann bringst du endlich bessere Zensuren nach Hause?" – wird ein Kind eher dazu verleiten, zu argumentieren bzw. eine Gegenrede zu halten. Üben Sie doch einfach mal, einige Ich-Botschaften zu formulieren:

Die Umformulierung der Du-Botschaften in Ich-Botschaften könnte so aussehen:

„Ich hasse es, wenn es im Wohnzimmer so unordentlich ist, nachdem du dort gespielt hast!"

„Ich habe fürchterliche Kopfschmerzen und ich würde mich gerne hinlegen, um zu schlafen. Das kann ich aber nicht, solange du das Radio voll aufdrehst."

„Ich telefoniere gerade und ich kann mich nicht auf zwei Leute gleichzeitig konzentrieren. Also warte bitte, bis ich das Telefonat beendet habe."

„Ich möchte nicht dafür verantwortlich sein, dass der Müll runtergebracht wird und es macht mich ungeduldig, wenn ich dich immer wieder daran erinnern muss."

Wenn Sie z. B. nach einer Regelverletzung Ihrem Kind Ihre Gefühle mitteilen, fördert dies sein sog. „reflektierendes Denken". Das Kind verinnerlicht dann das folgende Beziehungsschema: Wenn ich das mache – dann wird meine Mutter traurig, wütend, etc. Das sind sog. „Wenn-dann-Äußerungen". Das Kind reflektiert sein Handeln und übernimmt die Perspektive des Gegenübers. Durch das Üben der „Wenn-dann-Äußerungen" erwirbt das Kind die Kompetenz, die gefühlsmäßige Reaktion des Gegenübers vorherzusagen.

Kinder können ihre Fertigkeiten im Zuhören nutzen, wenn wir unsere Gefühle durch „Ich-Botschaften" ausdrücken. Wenn Ihr Kind selbst häufiger Ich-Botschaften verwendet, wird es mit seinen Freunden und Geschwistern gut zurecht kommen. Wenn es seine eigenen Gefühle und Absichten durch „Ich-Botschaften" äußert, wird die andere Person nicht beschuldigt.

Diese Form der Sprache soll nicht die Art und Weise ersetzen, wie Ihre Familie sonst miteinander kommuniziert. Es ist vielmehr so, dass diese Fertigkeiten Ihrem Kind helfen können, mit anderen Kindern zu Hause und in der Schule besser zurechtzukommen. Wenn Sie diese Form der Sprache mit Ihrem Kind zu Hause üben, dann wird Ihr Kind auch im Umgang mit anderen Menschen davon Gebrauch machen.

Sie können diese Ich-Botschaften anhand irgendeiner aufgetretenen Konfliktsituation vertiefen. Nehmen wir an, dass Sie soeben die folgende Szene zwischen Karin und Andreas beobachtet haben: Andreas fährt auf einem neuen Skateboard und zeigt Karin ganz stolz wie gut er schon damit fahren kann. Karin hat sich schon lange ein Board gewünscht und möchte ebenfalls auf dem Skateboard fahren. Andreas lässt sie aber nicht. Am liebsten würde sie es Andreas einfach wegreißen.

Wenn Sie als Eltern von Karin die Gelegenheit hätten, diese für einen Moment zur Seite zu nehmen, sobald die Situation nicht mehr so emotional ist, könnten Sie Karin die folgenden Fragen stellen:

1. Wenn du dem Andreas das Skateboard wegreißt, wie wird er sich dann fühlen? – Er wird wahrscheinlich wütend, traurig, verletzt sein.
2. Wenn Karin Andreas nach dem Skateboard gefragt hätte, was hätte Andreas dann wohl geantwortet?
3. Wenn Andreas Ja gesagt hätte, wie hätte sich Karin dann gefühlt? Und wenn Andreas Nein gesagt hätte?
4. Was könnten Andreas oder Karin tun oder sagen, damit beide sich wohl fühlen? – Vorschlagen, sich abzuwechseln. Bis zum nächsten Tag warten.

Wichtig bei diesen „Wenn-dann-Äußerungen" ist, dass die Handlungen mit Konsequenzen bei der anderen Person verbunden werden. Das, was man einem anderen sagt oder tut, hat Einfluss darauf, wie dieser sich fühlt. Zusammenfassend könnten Sie Ihrem Kind etwa sagen: „Wenn du dich entscheidest, wie du dich in einer bestimmten Situation verhalten willst, dann denk daran, wie sich die anderen dabei fühlen werden."

Es gibt viele ähnliche Situationen, die Sie mit Ihrem Kind in dieser Weise durchsprechen könnten. Sie können sich aber auch einige Situationen ausdenken und diese miteinander durchgehen. Wichtig ist, dass das Kind erkennt, dass seine Handlung bei dem Anderen ein bestimmtes Gefühl auslöst. Zum Beispiel:

- Wenn du auf dem Schulhof geschubst wirst, dann könntest du ... sein.
- Wenn du deiner Schwester „Buuuh" ins Gesicht schreist, dann könnte sie sich ... fühlen.
- Wenn du einen Gruselfilm anschaust, dann könntest du dich ... fühlen.
- Wenn Karin dich bittet, mitzuspielen, dann könntest du dich ... fühlen.
- Wenn dir jemand einen Spitznamen zuruft, dann könntest du dich ... fühlen.

Hilfreich ist es, wenn Sie die Situationen nicht nur hypothetisch durchgehen, sondern die in einer Konfliktsituation real stattgefundene Auseinandersetzung besprechen können. Da Sie in der Familie mit Ihrem Kind zusammenleben, haben Sie den unmittelbarsten Einfluss auf dessen Beziehungsaufnahme.

- Benutzen Sie „Wenn-dann"-Begriffe, wenn Sie bei Konflikten vermitteln, z. B. „Wenn du anderen Kindern Dinge wegnimmst, was könnte dann geschehen?"
- Wenn Sie am Abend die Konfliktsituation mit Ihrem Kind noch einmal Revue passieren lassen, helfen Sie ihm, sich an die Momente zu erinnern, in denen es über die Konsequenzen seiner Handlung nachgedacht hat. Es ist gut, dann noch einmal darüber zu sprechen.

In diesem Kapitel haben Sie die Techniken des einfühlsamen Zuhörens, des Gefühle Erkennens und die Ich-Botschaften kennen gelernt. Diese Techniken sind bei der Problemlösung sehr hilfreich. Im nächsten Kapitel geht es um das Problemlösungsverhalten. Es werden verschiedene Schritte vorgestellt, die beim Lösen von Problemen angewandt werden können.

Kapitel 8

Wie können Sie Ihrem Kind helfen, Konflikte zu lösen?

In allen Familien gibt es Konflikte. Manchmal werden Konflikte vermieden, weil die Angst besteht, es könnte nur Gewinner und Verlierer geben oder der Streit könnte eskalieren. Wenn wesentliche Konflikte unter den Teppich gekehrt werden, lohnt sich dies meistens nicht. Die Konflikte kommen an anderen Stellen wieder hervor und drängen dann erst recht auf eine Lösung. Konflikte sollten auch nicht nur problembeladen gesehen werden, sie beinhalten auch immer eine Chance. Das Positive einer Konfliktsituation liegt darin, dass oft neue Sichtweisen, Einstellungen und Haltungen gefunden werden müssen, um einen Konflikt zwischen den Personen zu lösen. Eingefahrene Verhaltensweisen müssen überprüft werden und manchmal neuen weichen. Dieser Anreiz fördert die seelische Entwicklung, also das sozial-emotionale Lernen.

Manchmal muss man die Konflikte auch nur aushalten, weil es keine gute Lösung gibt. Meistens muss man sie jedoch lösen, und das muss man lernen. Nachdem im vorhergehenden Kapitel das einfühlsame Zuhören und das einfühlsame Ansprechen als Basiskompetenzen für die Lösung von Problemen vorgestellt wurden, geht es in diesem Kapitel um eine hilfreiche Struktur zum Lösen von Konflikten bzw. Problemen. Bevor diese Schritte diskutiert werden, wäre es gut, wenn Sie sich einmal vergegenwärtigen, wie sie selbst in problematischen Erziehungssituationen im Alltag vorgehen:

- Welche Probleme müssen Sie im Erziehungsalltag mit Ihren Kindern häufig lösen?
- Fallen Ihnen typische Auseinandersetzungen oder konflikthafte Situationen ein?
- Wie versuchen Sie, Probleme in Ihrer Familie zu lösen?

- Wie gehen Sie konkret in diesen Situationen vor?
- Welches Vorgehen bewährt sich? Ist das Problem dann für alle Seiten gelöst?
- Welche Strategien bewähren sich nicht? Wie äußert sich dies?

Alle Eltern erleben, wie sie bei dem Versuch, Konflikte lösen zu wollen, scheitern können. Keine Erziehung ist perfekt und niemand weiß genau, was in einem bestimmten Moment das Richtige ist. Es kommt vor, dass Sie ein Problem ignorieren oder hochemotional reagieren und einfach nur schreien. Sie wissen dann selbst, dass dies nicht die optimale Reaktion war. Manchmal versucht man, mit einem Ratschlag das Problem rasch zu lösen. In dem Moment glauben Sie zu wissen, woher das Problem kommt und wie es zu lösen ist. Möglicherweise möchten Sie die verfahrene, angespannte Situation nur lockern. Für Ihr Kind hat dieses Vorgehen jedoch einige Konsequenzen. Sie nehmen ihm die Problemlösung ab. Es kann dann nicht lernen, sich Konflikten zu stellen und diese zu lösen. Sie unterstützen das sozial-emotionale Lernen bei Ihrem Kind, wenn Sie es versuchen lassen, die Probleme selber zu lösen und ihm dabei helfen. Es ist sehr wichtig, dass Kinder ihre Probleme selber lösen:

- damit Kinder ihre Probleme auch dann lösen können, wenn ihre Eltern nicht dabei sind.
- damit die Kinder sich zu verantwortungsbewussten Jugendlichen und Erwachsenen entwickeln.
- damit sie eine höhere Selbstwertschätzung erlangen.

Jeden Tag gibt es für Ihr Kind genügend Gelegenheiten, bei denen es lernen kann, seine Probleme selber zu lösen. Angefangen bei der Frage nach dem richtigen Outfit, über Verhandlungen darüber, wer sich eine Fernsehsendung auswählen darf, bis hin zu der Frage, wie die Hausaufgaben geplant werden können. Ermutigen Sie Ihr Kind, sich zuerst selbst einmal Gedanken über eine für alle befriedigende Lösung zu machen.

Ratschläge oder Empfehlungen sollten Sie Ihrem Kind nur in bestimmten Situationen geben, z. B. wenn es eine Informationsfrage stellt oder zum ersten Mal etwas Neues lernt. Ab und zu kommt es aus einer schwierigen emotionalen Situation nicht mehr heraus. Wenn es Sie dann um Ihre Meinung bittet, sollten Sie ihm die Antwort nicht verweigern. Und ganz wichtig: Immer dann, wenn Ihr Kind gefährdet ist, müssen Sie selbstverständlich aktiv werden und eingreifen.

Bei allen anderen Problemen können Sie versuchen, dem Kind die Problemlösung zu überlassen. Wenn Ihr Kind diese Kompetenzen zum Lösen von Problemen erwirbt, werden seine Selbstsicherheit und auch seine Impulskontrolle verstärkt. Durch das strukturierte Vorgehen lernt es, gedankenloses und impulsives Verhalten zu Gunsten einer Problemlösung zu vermeiden. Impulskontrolle bedeutet eine Verzögerung der anfänglichen Reaktionen und die Nutzung von Techniken zur Problemlösung.

FAUSTLOS nutzt einige Überlegungen zu Konfliktlösungen, die sich als hilfreich erwiesen haben. Das Ziel besteht darin, eine möglichst gerechte Lösung zu finden, mit der die Konfliktparteien zufrieden sein können. Im Folgenden wird gezeigt, wie Sie es sich mit einer klaren Abfolge von Problemlöseschritten leichter machen können. Sie werden wiederum zum Vorbild für Ihr Kind, wenn Sie in eigenen Konfliktsituationen mit bestimmten Fragen einen „roten Faden" vorgeben, an dem sich Eltern und Kinder auf dem Weg zu einer gemeinsamen Lösung orientieren können. Diese Schritte können als eine solche Hilfe für Konfliktgespräche zwischen Ihnen und Ihrem Kind, aber auch zwischen Ihrem Kind und anderen Kindern, herangezogen werden. Ihr Kind kann diese Schritte bei Problemen mit anderen Kindern anwenden, üben und lernen.

Das Problemlöseverfahren in fünf Schritten wurde bereits in Kapitel 4 dargestellt. Die Schritte sollen noch einmal wiederholt werden, bevor sie an Beispielen veranschaulicht werden:

1. Was ist das Problem? – Bestimmen des Problems anhand von mimischen, körperlichen und situativen Hinweisen.
2. Welche Lösungen gibt es? – Brainstorming.
3. Frage dich bei jeder Lösung:
   – Ist sie ungefährlich?
   – Wie fühlen sich die Anderen?
   – Ist sie fair?
   – Wird sie funktionieren?

   Bewerten der Lösungen durch Vorhersagen ihrer Konsequenzen.
4. Entscheide dich für eine Lösung und probiere sie aus. – Die Lösung soll mit Hilfe einzelner Fertigkeiten ausgeführt werden.
5. Funktioniert die Lösung? Wenn nicht, was kannst Du jetzt tun? – Die Lösung soll daraufhin überprüft werden, ob sie durchführbar ist; wenn nicht, soll eine Alternative gewählt werden.

Nehmen Sie sich etwas Zeit und benutzen Sie das einfühlsame Zuhören. Die Problemsituation wird zunächst angesprochen und konkretisiert. Wer war an der Problemkonstellation überhaupt beteiligt? Anschließend wird der Fokus auf erfolgversprechende Lösungsmöglichkeiten erweitert, von denen schließlich die günstigste ausprobiert wird.

Die nachfolgenden fünf Schritte haben sich bewährt:
1. Was ist das Problem?
   Zunächst kann es wichtig sein zu erkennen, dass es ein Problem gibt. – „Du bist ja richtig sauer!" Nachdem eine ruhige Situation geschaffen wurde, kann man versuchen, sich dem Problem zu nähern. Auch wenn das Problem in Ihren Augen gar kein Problem ist, sollten Sie es ernst nehmen (einfühlsames Zuhören). Wer hat das Problem und wessen Wünsche oder Bedürfnisse sind enttäuscht worden? Wenn Sie

selbst ein Problem mit Ihrem Kind haben, können Sie sich fragen und sich damit selbst auch ernst nehmen:
- Was konkret ärgert mich?
- Was denke und fühle ich?
- Was wünsche ich mir?

Das Feststellen von Wünschen und Bedürfnissen ist die Voraussetzung für eine befriedigende Lösung: Wenn Sie ein Ziel vor Augen haben, können Sie sich mögliche Wege und Strategien überlegen um es zu erreichen. Wenn Ihr Kind das Problem hat, kann es wichtig sein, es zu ermutigen noch Fragen zu stellen, um das Problem einzukreisen. So bekommen Sie ein möglichst genaues Bild von der Situation. Die Art und Weise, wie über das Problem gesprochen wird, hat einen wesentlichen Einfluss auf die Diskussion. Wenn das Problem ohne Beschuldigungen dargestellt wird, ermutigt das Ihr Kind, sich am Gespräch zu beteiligen und sich Gedanken zu machen. Es ist wichtig, Ihre Kommentare so neutral wie möglich abzugeben.

2. Welche Lösungen gibt es? Was kann ich und was kannst du machen?
In einem *Brainstorming* werden möglichst viele *konkrete* Lösungsmöglichkeiten gesucht und aufgeschrieben. Mit Hilfe des Brainstorming kann man viele Ideen in kurzer Zeit entwickeln (siehe dazu Kapitel 4). Dabei sollten Sie ein paar Regeln beherzigen. Sie sollten ruhig bleiben, einen Vorschlag zusammenfassend präzisieren und so viele Lösungen wie möglich entwickeln. Sie sollten nicht Antworten zu schnell überprüfen oder zu rasch das Brainstorming beenden, weil Sie glauben, eine Lösung gefunden zu haben.
Um die Antworten Ihres Kindes nicht abzublocken, enthalten Sie sich in dieser Phase jedes Urteils oder wertenden Kommentars. „Das ist eine mögliche Idee. Gibt es noch andere?" erhöht die Beteiligung eher, als zu sagen: „Das ist eine gute Idee. Hat irgend jemand eine andere?" Wenn sie spie-

lerisch oder unkonventionell dabei vorgehen, regt das Ihr Kind an, sich bei der Ideensuche zu beteiligen.

3. Die Konsequenzen bedenken
Ihr Kind sollte gründlich über jeden Lösungsschritt nachdenken, um sich über die Konsequenzen dieses Schrittes klar zu werden. Was könnte eine gute Lösung sein? Kriterien dazu können sein:
   - Ist die Lösung attraktiv? Welche positiven Folgen hätte diese Alternative für mich? Welche negativen Nebenwirkungen sind zu erwarten?
   - Ist sie fair? Wie fühlen sich die Anderen? Ist sie auch sicher? Kann jemand verletzt werden?
   - Wird sie funktionieren?

   Bei den Fragen nach den Konsequenzen ist es wichtig, möglichst konkret zu bleiben. Abstrakte Vorschläge helfen dem Kind nicht weiter.

4. „Entscheide dich für eine Lösung und probiere sie aus!"
Dieser Schritt verlangt von Ihrem Kind, eine Wahl auf der Grundlage der Informationen zu treffen, die beim dritten Schritt entwickelt wurden. Wenn die Bewertungsfragen gestellt wurden, muss eine Auswahl getroffen werden. Wahrscheinlich können nicht alle Lösungen umgesetzt werden. Welche sind sinnvoll?
Bei der Entscheidungsfindung ist es wichtig, Ihrem Kind das Gefühl zu vermitteln, dass es keine absolut richtigen Antworten auf Probleme gibt. Vielmehr sollten die Kinder Möglichkeiten von prosozialen Lösungen erarbeiten, aus denen sie dann auswählen können. Die Entscheidung sollte nicht allein auf Kosten einer Person oder einer Minderheit ausfallen.

5. Hat es funktioniert? Ist die Lösung erfolgreich?
Der letzte Schritt dient zur Überprüfung der Wirksamkeit der Lösung in der konkreten Situation. Vielleicht ist Ihr Kind

zunächst frustriert, wenn seine Idee nicht funktioniert. Wenn eine Lösung nicht funktioniert, muss es lernen, flexibel zu sein, um einen anderen Lösungsweg zu suchen: „Wenn das nicht geht, was kannst du jetzt tun?" Diese Fähigkeit zu einer eventuell notwendigen Richtungsänderung ist ein wichtiger Aspekt für die erfolgreiche Bewältigung des Problemlösungsprozesses.

Manchmal benötigen jüngere Kinder Hilfe, um die Lösung ihrer Wahl auszuprobieren. Sie können Ihrem Kind dabei helfen, eine Lösung in kleine Einheiten (zwei oder drei) zu unterteilen, und diese Schritte dann mit ihm üben. Wenn sich Ihr Kind bei einem Problem mit einer schweren Schulaufgabe z. B. für die Lösung entscheidet, mit der Lehrerin selbst über die als zu schwierig empfundene Aufgabe zu reden, dann könnte die Lösung über die folgenden Schritte gesucht werden:

1. einen günstigen Zeitpunkt für das Gespräch mit der Lehrerin wählen;
2. die Lehrerin beim Gespräch anschauen;
3. und offen sagen: „Ich weiß nicht, wie ich diese Aufgabe lösen soll. Können Sie mir bitte helfen?".

Üben Sie diese Schritte mit Ihrem Kind, indem Sie die Rolle der Lehrerin übernehmen. Das wird die sozialen Kompetenzen und das Selbstvertrauen Ihres Kindes erhöhen. Es ist wichtig, dass Sie sich, nachdem das Kind mit seiner Lehrerin gesprochen hat, mit ihm austauschen, um zu sehen, ob die gewählte Lösung funktioniert hat. Auch gute Lösungen funktionieren manchmal nicht. Diese „Schritt-für-Schritt-Methode" kann beim Erlernen jeder sozialen Kompetenz hilfreich sein. Andere Übungsmöglichkeiten wären z. B. freundlich unterbrechen, sich entschuldigen, sich beschweren usw.

Es kommt auch vor, dass eine Lösung eine kurze Zeit lang funktioniert und dann nicht mehr. Wenn man z. B. gehänselt wird, dann kann es klappen, wenn man das ein paar Wochen einfach ignoriert. Wenn die Hänselei aber anhält, dann sollte das Kind eine andere Lösung suchen. Falls eine Lösung nicht funktionieren sollte, sollten Sie sich nicht entmutigen lassen. Versuchen Sie es weiterhin. Bedenken Sie, dass das Lösen von Problemen ein Prozess ist. Dabei ist es wichtig zu experimentieren. Zur Erinnerung: Bei FAUSTLOS geht es nicht darum, was oder welche Problemlösung genau gelernt wird, sondern um die Verinnerlichung dessen, wie Probleme gelöst werden!

Um mit diesem Modell der Problemlösung positive Erfahrungen zu machen, ist es zunächst wichtig, nur ein Problem zu besprechen. Wenn Sie sich zu viel auf einmal vornehmen, könnte das Verfahren unübersichtlich werden und scheitern. Zum Gelingen trägt außerdem bei, wenn Sie während des Gesprächs mit Ihrem Kind Vorwürfe und Kränkungen strikt vermeiden. Ein einziger Vorwurf kann dazu führen, dass Ihr Kind die Lust verliert und den Versuch abbricht. Wenn Ihnen ein Vorwurf unterlaufen sein sollte, dürfen Sie sich bei Ihrem Kind auch entschuldigen! Dies schadet Ihrer Autorität als Erwachsener nicht, sondern Sie verdeutlichen Ihrem Kind damit, dass auch Sie sich nicht immer unter Kontrolle haben. Eine Entschuldigung macht den Weg wieder frei und Sie können mit der Problemlösung noch einmal von vorn beginnen.

Im folgenden Beispiel werden die fünf Schritte noch einmal veranschaulicht. Moritz kommt mit einem Problem zu seiner Mutter, die sich etwas Zeit nimmt und mit ihm eine Lösung sucht:

Moritz (*was ist das Problem?*): „Ich möchte nicht mehr den Müll runterbringen! Das ist der blödeste Job im ganzen Haushalt: Außerdem vergesse ich es sowieso ständig und werde dann immer angemeckert. So was kann ich mir nicht merken!"

Mutter (*fasst zusammen*): „Also: Das Problem ist, dass dir das Müllrunterbringen als die blödeste Aufgabe im Haushalt erscheint und außerdem noch, dass du es auch leicht vergisst. Deshalb ermahne ich dich oft und du fühlst dich dann schlecht. Deshalb möchtest du die Aufgabe gern abgeben. Stimmt das so?"

Moritz: „Ja, genau. Ich vergesse das schnell und kriege deshalb ständig einen drauf."

Mutter (*Lösungsmöglichkeiten suchen*): „O. k. Was können wir machen?"

Moritz: „Du kannst das ab jetzt machen. Und ich übernehme was anderes, Einkaufen zum Beispiel oder den Käfig mit den Wellensittichen saubermachen."

Mutter: „Oder wir könnten uns mit dem Müllrunterbringen abwechseln. Wir könnten zum Beispiel einen Plan dafür erstellen, immer für eine Woche, und einen Zettel im Flur aufhängen, damit jeder daran erinnert wird."

Moritz: „Du musst auch nicht gleich meckern, wenn man es mal vergessen hat."

Mutter (*Lösungsmöglichkeiten bewerten*): „O. k. Dann lass' uns unsere Lösungsvorschläge mal durchgehen und sehen, ob irgendetwas davon klappen könnte."

Moritz: „Also, ich könnte doch das mit den Wellensittichen übernehmen. Einkaufen geht vielleicht doch nicht, weil die Sachen so schwer sind."

Mutter: „Ja, ich glaube das auch, außer bei Kleinigkeiten. Ich fände es nicht gut, wenn ich jetzt allein die Müll-Aufgabe übernehmen soll, weil mir doch die Kniegelenke oft wehtun, vor allem beim Treppensteigen. Außerdem wäre ich wahrscheinlich bald so genervt wie du jetzt."

Moritz: „Ach so, naja stimmt. Mmmh. Uns abzuwechseln und einen Erinnerungszettel aufzuhängen, wäre eigentlich in Ordnung."

Mutter: „Und deinen letzten Vorschlag finde ich gut: Ich könnte demnächst wirklich erst mal nachfragen, statt sofort zu schimpfen."

Moritz (*für eine Möglichkeit entscheidend*): „Naja, o.k. Also dann können wir uns ja abwechseln mit dem Müllrunterbringen und der Versorgung der Wellensittiche, nach einem Plan, und den hängen wir auf. Aber am besten in der Küche, da sieht man das besser. Und wir vereinbaren, dass du erst mal nachfragst, statt zu schimpfen, wenn der Müll am Abend noch nicht unten ist. Was meinst du?"

Mutter: „Ja, gute Idee. Das scheint ein guter Kompromiss zu sein. Ich finde, wir haben das eben toll hingekriegt mit dem Lösungen suchen!"

Ihnen werden wahrscheinlich viele solcher Situationen aus Ihrem Familienalltag einfallen:
Ihr Kind steht morgens meistens zu spät auf.
Ihr Kind gibt schon nach drei Tagen das Taschengeld für eine Woche aus.
Ihr Kind will abends nicht ins Bett.
Ihr Kind will beim Essen sein Mickey Maus Heft lesen.
Ihr Kind macht seine Hausaufgaben nur unvollständig.
Ihr Kind putzt das Fahrrad nie usw., usw.

Die Erfahrungen mit den fünf Schritten zum Problemlösen zeigen, dass

- *neue Lösungen* gefunden werden, auf die Eltern und Kinder bei „eingefahrenen Konfliktthemen" aufgrund einer eingeschränkten Perspektive oft keinen Zugriff haben;
- *für beide Seiten akzeptable Lösungen* ermittelt werden;
- *komplexe Problemsituationen* zu Ende diskutiert werden können, um auf dieser Basis sinnvolles Verhalten abzuleiten. So wird voreiligem Schlussfolgern – „Ich weiß sowieso, dass du …!" – und Handeln entgegengewirkt, die Konfliktsituationen oft unnötig eskalieren lassen. Gleichzeitig kann so der Teufelskreis von vielen Streitigkeiten unterbrochen werden.

Das Üben von Möglichkeiten, sich angemessen zu verhalten

Einzelne Möglichkeiten, sich angemessen zu verhalten, können Ihrem Kind manchmal sehr viel weiter helfen. Wenn Sie beispielsweise ein sehr lebhaftes und gelegentlich auch ungeduldiges Kind haben, kann es sich mit manchen Situationen schwer tun. Abzuwarten kann möglicherweise eine richtige Herausforderung sein. Vielleicht neigt Ihr Kind auch dazu, eine Unterhaltung zwischen Ihnen und anderen Personen zu unpassenden Zeiten zu unterbrechen. Wenn Sie sich zunehmend darüber ärgern und Ihr Kind auch zunehmend wütend wird, weil es sich immer wieder abgewiesen fühlt, haben Sie ein gemeinsames Problem.

Wie könnten Sie dieses Problem mit Ihrem Kind besprechen? Wie könnten Sie Ihrem Kind dazu verhelfen, angemessene, passende Momente (z. B. Gesprächspausen) zu erkennen, um Wünsche zu äußern. Der Schlüssel zum Erfolg ist hierbei die Fähigkeit, einen günstigen Zeitpunkt abzuwarten. Das Abwarten des günstigen Zeitpunkts zum Besprechen des Problems gilt auch für Sie. Eine Problemsituation sollte nicht abstrakt angesprochen werden, sondern ganz konkret, nachdem wieder einmal ein solcher Konflikt aufgetreten ist. Am Vortag konnte Andreas wieder einmal nicht warten.

Die Mutter wurde von Ihrer Nachbarin besucht, die noch die letzten Details mitteilen wollte, weil sie am Tag darauf in den Urlaub fahren und die Mutter von Andreas sich um Haus und Garten kümmern wollte. Andreas dagegen wollte unbedingt rausgehen, um mit einem Freund zu spielen, der auf ihn wartete. Weil er die Mutter um Erlaubnis fragen musste, aber nicht warten konnte, fing er an zu drängeln. Schließlich unterbrach er ständig ihr Gespräch mit der Nachbarin. Wie schon so oft endete die Situation mit Ärger auf beiden Seiten.

Welche Schritte könnten Sie nun einsetzen, um dieses Problem mit Andreas zu besprechen? Zunächst werden Sie einen ruhigen Moment abpassen, damit Ihnen Andreas zuhören kann. Dann könnten Sie ihm sagen (als Ich-Botschaft formuliert):

„Andreas, es macht mich immer so wütend, wenn du einfach dazwischen sprichst. Gestern hatte ich mit Frau M. etwas zu klären und das war mir fast unmöglich. Ich sehe aber auch, dass du ganz ärgerlich wirst und deshalb sollten wir beide nach einer Lösung suchen, wie wir solche Situationen in Zukunft besser hinbekommen können. Siehst du das auch so?"

Andreas würde dann vielleicht sagen, dass seine Mutter zu lange Monologe hält und sein Freund Steffen schon draußen auf ihn gewartet hat.

Sie könnten antworten: „Deshalb hast du mich ja dauernd am Ärmel gezupft, um meine Aufmerksamkeit zu bekommen. Welche anderen möglichen Lösungen gäbe es denn noch?" Andreas denkt nach und kommt dann auf einige Möglichkeiten:
- Warten, bis du fertig geredet hast – aber das wäre zu lang;
- mit einem „Entschuldigt bitte" unterbrechen;
- höflich eine Pause nutzen;
- ein Zeichen geben, dass ich etwas fragen will;
- zu meinem Freund gehen, ohne zu fragen.

Ohne eine Lösung hervorzuheben, könnten Sie jetzt die Konsequenzen bei jedem Vorschlag mit Andreas durchspielen und dabei die vier Bewertungsfragen im Kopf haben.
- Welche Lösung ist attraktiv? – Welche positiven Folgen hätte jede Alternative? Welche negativen Nebenwirkungen sind zu erwarten?
- Ist die Lösung fair? Wie fühlen sich die anderen?
- Wird sie funktionieren?

Andreas entscheidet sich vielleicht, Sie und die Nachbarin höflich zu unterbrechen.

Sie könnten dann mit Andreas das höfliche Unterbrechen aufgreifen und einmal mit ihm durchgehen und die folgenden Fragen stellen:
- Wann ist wohl ein passender Moment, um eine Unterhaltung zu unterbrechen? – In einer Gesprächspause.

- Was solltest du in der Pause sagen, und wie solltest du es sagen? – „Entschuldigung" mit einer freundlichen Stimme.
- Wenn du das so ausprobierst und ich mich immer noch weiter mit der Nachbarin unterhalte, was könntest du dann tun? – Es weiter versuchen. Etwas lauter fragen.
- Wie könntest du mich unterbrechen, wenn du mir z.B. sagen musst, dass dein Bruder sich in die Hand geschnitten hat? – Diskutieren Sie diese Situation als eine Ausnahme von der Regel – wenn die Sicherheit auf dem Spiel steht, muss ein Erwachsener sofort unterbrochen werden!

Am Ende der Diskussion über das „Unterbrechen" könnten Sie die einzelnen Schritte für Andreas noch einmal zusammenfassen:

1. Warte auf eine Pause.
2. Sag „Entschuldigung".
3. Sag, was du möchtest.

Die Zusammenfassung ist wichtig, weil Sie später immer wieder darauf zurückkommen können. Wenn Sie wieder unpassend unterbrochen werden oder Sie beobachten, wie Andreas in einer anderen Situation jemanden unterbrochen hat, wird es ausreichen, wenn Sie ihm sagen: „Warte doch auf eine Pause!"

Sie können mit Andreas auch noch ein paar andere Situationen durchgehen, in denen er jemanden höflich unterbrechen soll:

- Dein Vater telefoniert mit dem Vater deines Freundes, und du möchtest wissen, ob dein Freund zu Hause ist.
- Zwei deiner Freunde unterhalten sich, und du willst ihnen sagen, dass gerade die Karten für eine Sportveranstaltung verkauft werden.
- Zwei Schüler unterhalten sich in einer Warteschlange und bewegen sich nicht mit der Schlange vorwärts.

Wie kannst du das Problem lösen?

Wenn Sie während des Tages bei Andreas dann einmal beobachten, dass er das höfliche Unterbrechen tatsächlich probiert, sollten Sie dies anerkennen und ihn loben. Um das Gelernte auf die verschiedensten Situationen zu übertragen, erfordert es viel Übung und Unterstützung. Ihr Kind kann mit diesen kleinen Hinweisen lernen, dass Gesprächspausen und das Ende einer Unterhaltung passende Momente sind, um jemanden zu unterbrechen. Es stärkt seine sozial-emotionalen Kompetenzen, wenn es lernt,

- Pausen in einer Unterhaltung oder bei einer Tätigkeit zu erkennen;
- einen Zeitpunkt zu nennen, zu dem andere Menschen angemessen unterbrochen werden können;
- eine passende Unterbrechung einer Unterhaltung zu demonstrieren;
- eine Problemlösestrategie anzuwenden.

Im nächsten Kapitel gibt es Hinweise für Situationen, in denen Sie oder Ihr Kind heftig reagieren. Wie kann man dann trotz der Erregung zu einer für beide Seiten annehmbaren Problemlösung kommen?

Kapitel 9

Heftige Gefühle – Der Ton macht die Musik

Der Umgang mit heftigen Gefühlen in der Familie

Die Art und Weise, mit der in der Familie mit Konflikten und den Gefühlen von Ärger und Wut umgegangen wird, hat einen Einfluss darauf, welche Strategien Kinder ihrerseits entwickeln: Kinder lernen am Modell und an ihrer Familie, ob und wie Konflikte ausgetragen werden – laut und deutlich oder eher zaghaft und leise, unfair oder fair, oder ob sie „ausgesessen" werden etc. Wenn es auch keinen unmittelbaren Zusammenhang zwischen dem elterlichen und dem kindlichen Umgang mit Konflikten und den Gefühlen von Ärger und Wut gibt, so beeinflussen die Umgangsformen einander doch gegenseitig – in jeder Familie auf ihre eigene Art und Weise. Es ist deshalb sehr wichtig, dass Sie sich Gedanken darüber machen wie Sie mit Konflikten in Ihrer Familie umgehen und wie sich Ihre Gefühle von Ärger und Wut auf den Umgang mit Ihrem Kind auswirken.

Wie reagieren Sie selbst und wie reagiert Ihr Kind ...
im Umgang mit Vorwürfen;
im Umgang mit Enttäuschungen;
beim Akzeptieren von Konsequenzen;
im Umgang mit Kritik;
im Umgang mit Ignoranz;
im Umgang mit Schimpfwörtern;
im Umgang mit einer Abfuhr?

Jeder hat seinen wunden Punkt, bei dem er verletzbar ist und heftig reagiert. Ärger und Wut kommen dann bei einem auf und signalisieren das Unrecht. Wut ist eine Energie, die unser Selbst schützt. In Kapitel 6 wurde ausgeführt, dass Ärger und Wut wie die Angst und der Schmerz wichtige Signale sind, die wir für unser Zusammenleben benötigen. Wut wird als Signal genutzt, um vom Gegenüber nach einer Kränkung, unangemessenen Forderungen oder dem Gefühl vom anderen beherrscht zu werden, Distanz zu gewinnen.

Heftige Gefühle sind das Lebenselixier, deshalb sind sie zu begrüßen. Natürlich denkt man zunächst an die lustvollen Gefühle. Freude ist der Lebensmotor: Wegen der Freude machen wir neue Erfahrungen. Wir suchen die Begegnung mit anderen Menschen und vor allem die Liebe als die stärkste Kraft. Wegen des freudigen Gefühls der Entdeckung bleiben wir ein Leben lang neugierig und wissensdurstig etc. Das Glück mit dem eigenen Kind lässt viele Schwierigkeiten vergessen.

Aber auch die Angst ist ein sehr nützlicher Affekt. Angst hindert uns, zu große Risiken einzugehen. Sie schützt nicht nur unsere körperliche Unversehrtheit. Sie trägt auch dazu bei, dass unsere Seele im Gleichgewicht bleibt. Da jeder Mensch eine andere Angstschwelle besitzt, muss jeder für sich die Balance zwischen Risiko und Angstgefühl herausfinden.

Die Trauer hilft, mit Verlusten fertig zu werden. Ohne Traurigkeit gäbe es keinen Abschied und damit auch keine Veränderungen. Nur wenn man getrauert hat, kann man sich von etwas lösen. Die Trauer erlaubt uns den Neubeginn, der die Entwicklung garantiert.

Der Umgang mit heftigen Gefühlen fällt nicht immer leicht. Das liegt daran, dass man gefährdet ist, in ein Extrem von entweder zu wenig oder zu viel zu geraten. Nach einem Verlust eines Familienangehörigen kann es sein, dass der eine gar keine Trauer zeigt, während der andere mit tiefster Melancholie reagiert. Wenn ein Kind zu wenig Wut zeigt, läuft es Gefahr, als Schwächling angesehen zu werden. Vielleicht kann es sich dann zu wenig wehren und wird womöglich zu häufig zum Opfer bei Auseinandersetzungen. Wenn es zu wütend ist, wird es als zu aggressiv angesehen und kann isoliert werden. Die Kunst bei heftigen Gefühlen ist deshalb, die Balance zwischen den Polen zu finden. Eltern helfen den Kindern intuitiv von Beginn an bei der Regulation von heftigen Gefühlen.

Wie kann FAUSTLOS den Umgang mit Ärger und Wut in der Familie regulieren helfen?

FAUSTLOS hilft den Kindern dabei, die Balance in der Intensität der Gefühle zu finden. Es konzentriert sich besonders auf Ärger und Wut bei den Kindern, weil diese Gefühle in der Extremform das Risiko der Aggressivität und der Gewaltbereitschaft beinhalten. Wut kann im Extrem zu Gewalttätigkeit führen, wenn das Kind keine anderen Möglichkeiten zur Verfügung hat, eine spannungsreiche Situation zu bewältigen. Dieses Risiko besteht hauptsächlich in Konfliktsituationen, die mit Macht einhergehen. Nach häufigen Erfahrungen der Ohnmacht wird das Kind versuchen, in Auseinandersetzungen nicht wieder zu unterliegen. Wenn Erwachsene immer Recht haben, wird das Kind „Recht haben" und „Macht haben" als eine zusammengesetzte Erfahrung erleben. Wer „Recht" hat, ist dann auch „mächtig", wer Unrecht hat, wird zum „Verlierer". Kritisch können dann Situationen werden, in denen sich das Kind im Recht sieht und sie vom anderen als ungerecht behandelt empfindet. Es befürchtet, in der schwächeren Position als der ohnmächtige Verlierer aus der Situation herauszugehen, obwohl es sich subjektiv im Recht glaubt. Wenn es vermehrt die Erfahrung des „Verlierers" in Machtkämpfen gemacht hat, wird es zu der Überzeugung gelangen, dass es sowieso nicht ernst genommen wird und sich keiner um seine Meinung schert. Wenn es dann auch noch keine anderen Handlungsalternativen zur Verfügung hat, kann der Ärger direkt in eine Gewalthandlung münden, um das Gefühl der Macht aufrechtzuerhalten und das Gefühl der Ohnmacht zu vermeiden. Zuerst kommt es vielleicht zu Schimpfwörtern, also zum verbalen „Schlagen", dann zum Wutauslassen an Gegenständen und später dann zur körperlichen Selbstverletzung oder zur Verletzung von Anderen.

FAUSTLOS will dazu beitragen, dass ein Kind in der Lage ist, seine heftigen Konflikte ohne Gewaltbereitschaft zu lösen. Dazu könnten die Strategien der Problemlösung genutzt werden, wie sie im vorherigen Kapitel vorgestellt wurden, wenn da

nicht die Gefühle von Ärger und Wut wären. Diese erlauben es dem Kind manchmal nicht, überlegt und rational die fünf Schritte zum Problemlösen anzuwenden.
In einem Erregungszustand lassen sich Konfliktsituationen schlecht lösen. Die Anspannung führt dazu, dass man zu Kurzschlussreaktionen neigt. Das Vorgehen in Situationen mit heftigem Ärger und Wut muss deshalb aus zwei Schritten bestehen:
– zunächst ist es wichtig, sich zu beruhigen, um wieder einen klaren Kopf und einen entspannten Körper zu bekommen.
– und dann ist es entscheidend, den Konflikt zu lösen. Dazu können die fünf Punkte zur Problemlösung aus der letzten Einheit herangezogen werden.

Die von FAUSTLOS vorgeschlagenen Beruhigungstechniken ermöglichen dem Kind, sich herunter zu regulieren, damit es in die Lage versetzt wird, den Konflikt anzugehen. Es ist sehr wichtig zu erkennen, dass es nicht allein um eine Beruhigung oder Minderung der Aggressivität des Kindes geht. Der zugrundeliegende Konflikt soll gelöst werden und die Beruhigungstechniken dienen nur dazu, eine Atmosphäre und entsprechende Bedingungen zu schaffen, die eine Konfliktlösung erlauben.

Die Beruhigungstechniken

Kinder müssen lernen, sich mit Konflikten auseinander zu setzen und dabei die heftigen Gefühle von Ärger und Wut zu kontrollieren. Sie verfügen nicht einfach über diese Kompetenz, sondern sie müssen sie über Jahre erwerben. Es gehört zur Erziehung, dass ein Kind diese Kompetenz erwirbt. Die Entwicklung von Fähigkeiten zum Umgang mit Ärger und Wut bei Kindern verläuft recht unterschiedlich.

Im Kindergartenalter sollten Kinder:
– eine angespannte oder Wut provozierende Situation erkennen können und versuchen, diese zu ändern;

- Wutgefühle äußern können;
- am Daumen lutschen, ein Stofftier oder eine Kuscheldecke nehmen um sich zu beruhigen.

In den ersten beiden Grundschulklassen sollten Kinder:
- ansatzweise sich beruhigen können, wenn sie mit einer angespannten oder Wut provozierenden Situation konfrontiert sind;
- das eigene Verhalten modifizieren können.

In den letzten beiden Grundschulklassen sind Kinder im Allgemeinen in der Lage:
- angespannte oder Wut provozierende Situationen zu vermeiden;
- Beruhigungstechniken zu benutzen, wenn sie sich ärgern oder wütend sind;
- überwiegend Problemlösestrategien einsetzen zu können, um mit Ärger und Wut adäquat umzugehen.

Das Konzept des Ärgermanagements bei FAUSTLOS versucht, den spiralförmigen Verlauf der Ärgereskalation zu durchbrechen bzw. umzukehren, indem die physischen Erregungsmuster durch psychologische Techniken reduziert werden. Wenn Kinder wahrnehmen können, dass sie sich ärgern oder wütend sind, sind sie meistens schon einen entscheidenden Schritt weiter. Zu oft geraten sie in den destruktiven Prozess des Ärgers oder der Wut, noch bevor sie überhaupt gemerkt haben, dass sie ärgerlich oder wütend sind und mit ihrem Ärger auf konstruktive Weise umgehen sollten. Der erste Schritt muss deshalb immer darin bestehen, Ärger und Wut bei sich selbst zu erkennen. Da diese Gefühle erhebliche physiologische (körperliche) Reaktionen auslösen, können sie auf ihren Körper hören. Die muskuläre Anspannung, der schnelle Puls, das Schwitzen signalisieren den Affekt.

Wenn sie das Gefühl erkannt haben, werden sie sich beruhigen wollen.

Jeder Mensch kann andere Techniken zur Beruhigung anwenden. Manchmal verwenden wir, je nach Situation oder beteiligten Menschen, unterschiedliche Techniken. Denken Sie einmal darüber nach, wie Sie sich beruhigen, wenn Sie sehr ärgerlich sind. Denken Sie an Situationen, in denen Sie befürchten, etwas zu tun, das Sie später möglicherweise bedauern. Manchmal muss der Ärger auch nicht sofort verschwinden. Es gibt Situationen, in denen man die Wut erst einmal aufkochen lässt. Man spürt dann deutlicher, dass sich etwas ändern muss!

Das für FAUSTLOS entwickelte, nachfolgend dargestellte, konkrete Verfahren ist auch für Erwachsene geeignet. Jeder, der wütend ist, kann sich die folgenden Fragen stellen und entsprechende Strategien anwenden:

1. Mich selbst beobachten
   – Bin ich wütend? (körperliche Signale!)
   – Und warum bin ich (dieses Mal) wütend?

   Diese Strategie ist auch präventiv wirksam. Sie dient dazu, die Bewertung, die Sie in der aktuellen Situation machen, herauszufinden und zu ergründen. D. h. Sie können sich anhand der Selbstbeobachtung bewusst machen, welche Bewertung Sie welcher Situation zuschreiben, um in der Folge Bewertungen verändern zu können. Dazu dienen die folgenden Fragen:

   Wann?
   Auf welche Situationen und Schlüsselreize reagiere ich mit Ärger und Wut?

   Was denke ich?
   Welche Gedanken, Annahmen und Bewertungen führen in diesen Situationen dazu, dass ich ärgerlich/wütend werde?

   Wie reagiere ich?
   Wie verhalte ich mich in dieser Situation?

2. Den Tag bewusst planen – mich auf vorhersehbare Konfliktsituationen einstellen und vorbereiten.

Diese Strategien sind präventiv, weil man sich die Bewältigungsmöglichkeiten vor Augen führt, um sie gezielt einzuplanen und sie möglicherweise zu erweitern.

3. Mich kurz entspannen (mich beruhigen), besonders in schwierigen, spannungsreichen Situationen zum Beispiel indem ich:
   - tief einatme;
   - rückwärts zähle;
   - an etwas Schönes denke;
   - Entspannungstechniken anwende.

   Diese Strategien sind für den „akuten Fall" gedacht, d. h. sie sind in der aktuellen Konfliktsituation einzusetzen.

4. Positiv mit mir selber sprechen
   Positive Selbstinstruktion, z. B. „Bleib cool, du schaffst das ohne Schreien", „Wenn ich ruhiger bin, kann ich besser mit Hannas Verhalten umgehen", „Beruhig' dich!" Auch diese Intervention ist in der akuten Konfliktsituation anwendbar und beeinflusst die Bewertung oder die Neubewertung einer Situation.

Für Ihr Kind sind die folgenden vier aufeinanderfolgenden Schritte hilfreich:

1. Wie fühlt sich dein Körper an? – Kinder nehmen körperliche Empfindungen als Hinweis darauf wahr, dass sie ärgerlich sind.

2. Beruhige dich:
   - Hole dreimal tief Luft.
   - Zähle langsam rückwärts.
   - Denke an etwas Schönes.
   - Sage „Beruhige dich" zu dir selber.

   Nachdem sich die Beruhigung eingestellt hat, kann es sich der Problemlösung zuwenden. Dann heißt es:

3. Denke laut über die Lösung des Problems nach. – Die Kinder wenden die Problemlösestrategie an.

4. Denke später noch einmal darüber nach:
   - Warum hast du dich geärgert?
   - Was hast du dann gemacht?
   - Was hat funktioniert?
   - Was hat nicht funktioniert?
   - Was würdest du beim nächsten Mal anders machen?
   - Kannst du mit dir zufrieden sein?

Das Kind denkt noch einmal über den Vorfall nach und beurteilt sein eigenes Verhalten. Diese Schritte im Umgang mit Ärger und Wut bestehen darin, laut über Lösungsmöglichkeiten nachzudenken. Denken Sie daran, dass Sie mit der Problemlösung nicht beginnen sollten, solange sich Sie oder das Kind noch ärgern oder wütend sind. Geben Sie sich oder dem Kind Zeit, um sich beruhigen zu können. Unterbrechen Sie das Problemlöseverfahren, sobald es das Kind überfordert.

Für Kinder im Kindergartenalter sind die einzelnen Schritte weniger komplex. Sie lassen sich so formulieren:
- Wie fühlst du dich?
- Hol dreimal tief Luft.
- Zähle langsam bis fünf.
- Sag „Beruhig' dich!" zu dir selber.
- Sprich mit mir über das, was dich ärgert.

Das sich selbst vorsagen – „Beruhige dich" – ist besonders wichtig. Es ist eine Art Selbstsuggestion. Diese Wiederholung ist notwendig, damit das Üben dieser Schritte zum festen Handlungsrepertoire wird.

Ein Dialog zwischen Ihnen und Ihrem Kind könnte folgendermaßen ablaufen:

Sie – zu Ihrem wütenden Kind –: Karin, hole einmal tief Luft. Gut. Mach noch zwei tiefe Atemzüge mehr.

Karin – ruhiger, aber mit Tränen in den Augen –: Andreas hat mich geschubst.

Sie: Ich sehe, dass du wütend bist. Sage mit mir zusammen „Beruhige dich".

Sie und Karin zusammen: Beruhige dich.
Sie: Sag es noch einmal sehr langsam.
Karin: Beruhige dich.
Sie: Gut, nun lass uns über das Problem sprechen ...

Beispiel

Manche Kinder tun sich schwer mit Kritik. Wenn sie kritisiert werden, fühlen sie sich vielleicht beschämt oder sehr schnell ungerecht behandelt. Kinder müssen lernen, mit Kritik konstruktiv umzugehen, weil sie im Leben immer wieder mit Kritik konfrontiert werden. Mit Kritik effektiv umzugehen, bedeutet, die Verantwortung für das eigene Handeln zu übernehmen. Sowohl Kinder als auch Erwachsene betrachten Kritik oft als etwas Negatives. Das Umgehen mit Kritik ist eine Frage der jeweiligen Haltung; helfen Sie Ihrem Kind, die positiven Seiten von Kritik kennen zu lernen.

Die folgende Geschichte soll den Umgang mit Ärger und Wut nach einer kritischen Bemerkung beispielhaft illustrieren.

Bei der Durchsicht der Hausaufgaben stellen Sie zum wiederholten Mal fest, dass Karin einige Rechenaufgaben nicht gelöst hat. Sie sagen spontan zu ihr: „Karin, du musst dich mit dem Rechnen mehr anstrengen."
Karin reagiert ärgerlich und enttäuscht. Sie weint.

Was könnten Sie zu Karin sagen, damit sie zu einer angemessenen Haltung kommt?

Z. B: „Du bist jetzt enttäuscht, aber reg' dich nicht auf, beruhige dich erst einmal. Atme dreimal tief durch."

Nachdem sich Karin etwas beruhigt hat, gehen Sie einen Schritt weiter zur Problemlösung. Dann könnten Sie z. B. sagen: „Du kannst das Rechnen doch auch lernen."

Karin widerspricht und bringt zum Ausdruck, dass sie Rechnen hasst.

Daraufhin könnten Sie sagen: „Das ist natürlich eine schwierige Situation. Da du jeden Tag rechnen musst, kannst du dich doch nicht jeden Tag von Neuem mit diesem Problem auseinander setzen! Was kannst du tun? Was kannst du denn wegen des Problems mit dem Rechnen machen?"

Karin wird dann vielleicht vorschlagen: „Ich kann mehr üben auch wenn ich es nicht mag oder ich kann mir Hilfe holen."

Welcher Vorschlag ist erfolgversprechend? Gehen Sie mit Karin alle Möglichkeiten durch und halten Sie sie dann dazu an, die einzelnen Vorschläge zu bewerten und sich für einen Vorschlag zu entscheiden. Vergessen Sie nicht zu überprüfen, ob Karin auch am nächsten Tag ihre neue Lösung ausprobiert und loben Sie sie für ihre neue Strategie.

Kritik kann hilfreich sein, aber sie ist es nicht immer. Manchmal kritisieren Sie vielleicht Ihr Kind und hatten gar nicht Recht mit Ihrer Vermutung, sie strenge sich nicht genug an. Ein Kind muss dann auch das Zutrauen haben, Kritik zurückzuweisen. Karin muss in diesem Beispiel auch entscheiden, ob es stimmt, was Sie ihr unterstellt haben, nämlich dass sie sich nicht genügend angestrengt hat.

Was wäre, wenn sich Karin im Rechnen ziemlich angestrengt hat, die aktuell zu lernenden Inhalte aber noch nicht beherrscht? Was könnte Karin dann zu Ihnen sagen? Sie könnte Ihnen auf eine freundliche Art sagen, dass sie sich im Rechnen sehr angestrengt hat, aber für die neuen Aufgaben Hilfe benötigt.

Zusammenfassend könnten Sie mit Karin die Situation noch einmal durchgehen:

1. Beruhige dich zunächst: Also dreimal tief Luft holen und sagen: „Ich kann damit umgehen."
2. Entscheide, ob es stimmt, was jemand dir sagt.
3. Entscheide, was du tust und sagst. Entweder sagst du zu dir selbst: „Sie hat recht; ich habe meine Aufgaben nicht gemacht." Oder du sagst: „Ich habe mich sehr angestrengt. Ich kann diese Aufgaben aber nicht lösen. Hilfst du mir?"

Fordern Sie Ihr Kind dazu auf, darüber nachzudenken, ob die von Ihnen geübte Kritik berechtigt ist. Es ist wichtig, dass Ihr

Kind erkennt, in welchen Bereichen es noch an sich arbeiten muss.

Grenzen setzen

Es wird Situationen geben, in denen Sie sich in erster Linie über das Verhalten Ihres Kindes ärgern und das heftige Gefühl ganz bei Ihnen ist. Wenn Ihr Kind zum wiederholten Mal eine Regel nicht einhält oder eine Grenze nicht akzeptiert, spüren Sie Ihren Ärger und Ihre Wut. Ihr Kind will nicht ins Bett gehen, es steht zu spät auf, es räumt sein Zimmer nicht auf oder es ist frech bzw. unhöflich zu Ihnen oder anderen Personen. Es gibt viele Beispiele, die Sie nennen könnten. Die eigene Beruhigung führt in diesen Fällen nicht sehr viel weiter.

Nehmen wir an, Sie haben die Konflikte schon mehrmals mit Ihrem Kind nach den zuvor dargestellten Lösungsversuchen besprochen. Allein die Umsetzung erfolgt nicht und Sie haben zunehmend den Eindruck, dass Ihr Kind Ihnen auf der Nase herumtanzt. In diesem Moment verhält sich Ihr Kind nicht mehr partnerschaftlich sondern dominiert Sie! Auch wenn dem Kind diese Freiheit möglicherweise kurzfristig Spaß macht, wird sie ihm langfristig schaden. Es verliert den Halt und die Orientierung, die ihm die Erwachsenen geben können. Die Annahme ist deshalb sehr berechtigt, dass das Kind mit seinem provozierenden Verhalten seine Grenzen beim Erwachsenen sucht, die es selbst noch nicht errichten kann. Das Kind hat ein Recht auf Ihre Grenzziehungen. Erst wenn die Regeln und die Grenzen wieder klar sind, ist das Terrain für die o. g. Problemlösestrategie geschaffen.

Wie können Sie in einer solchen Situation vorgehen?

Wichtig ist, dass Sie einem Konflikt nicht aus dem Weg gehen und entschlossen sind, die Regel bzw. die Grenze zu etablieren. Wichtig ist auch, dass die anderen Bezugspersonen mit Ihnen am gleichen Strang ziehen, damit Sie das Kind nicht gegeneinander ausspielen kann. Reden Sie also rechtzeitig mit Ihrem Partner oder Ihrer Partnerin darüber. Machen Sie sich bewusst, dass Sie eine berechtigte Forderung stellen und keine Bitte. Es gibt bei einer Regelverletzung kein Verhandeln. Die folgenden Schritte haben sich bewährt:

Sofort reagieren
Wenn Ihr Kind das nächste Mal die Regel nicht einhält, reagieren Sie sofort. Lassen Sie alles liegen, was Sie gerade machen, gehen Sie unmittelbar zu Ihrem Kind und bringen es dazu, Sie anzuschauen.

Äußern Sie klar und deutlich Ihre Forderung:
Sie können zum Beispiel zu Ihrem Kind sagen: „Ich will, dass du damit sofort aufhörst!" oder: „Ich will, dass du sofort ..." Wichtig ist, dass Ihre Stimme und Ihr Ausdrucksverhalten keinen Zweifel an Ihrer Absicht aufkommen lassen. Ihr Verhalten muss Ihrem Kind zeigen, dass in der gegebenen Situation eine Zäsur erfolgt. Vergewissern Sie sich dann, dass Ihr Kind Sie verstanden hat. Es sollte auch klar „Ja" sagen. Es kann auch „Nein" sagen – aber Sie wollen eine Antwort.

Bei Nichtbefolgung müssen Sie Ihren Durchsetzungswillen steigern:
Wenn Ihr Kind trotzdem nicht gehorcht, müssen Sie noch entschlossener werden. Es gibt keine Debatte und keine Diskussion der Regeln in diesem Moment. Bleiben Sie selbst ruhig und versuchen Sie, sich nicht aufzuregen. Signalisieren Sie Ihrem Kind aber, „dass es ziemlich ernst ist." Bleiben Sie solange in der Nähe Ihres Kindes, bis es Ihren Anweisungen folgt.

Auch wenn Ihnen diese Konsequenz nicht beim ersten Mal und auch nicht immer gelingt, sollte sie zu einer Richtschnur für Ihr Handeln werden. Bleiben Sie dran, es lohnt sich. Denken Sie daran, Sie engagieren sich damit für Ihr Kind. Ihr Kind benötigt Ihre Grenzsetzungen, damit Sie die anstehenden Konflikte wieder partnerschaftlich lösen können.

Strafen

Strafen haben sich in der Erziehung als wenig effektiv erwiesen. Durch die Bestrafungen wird das unerwünschte Verhalten meistens nur unterdrückt: Kinder lernen dann, das unerwünschte Verhalten in Situationen zu vermeiden, in denen Strafe droht. In anderen Situationen, bei Abwesenheit der Eltern und in Gegenwart z. B. des Babysitters oder der Großeltern, tritt es dann wieder auf.

Wenn dieses Strafen häufig angewandt wird, führt dies zu vielen negativen Konsequenzen:
- Ständiges Strafen belastet das Eltern-Kind-Verhältnis.
- Darüber hinaus entwickeln Kinder, die ihre Eltern mehr strafend als streng erleben, eher Angst als diejenigen Kinder, die ihre Eltern als unterstützend erleben.
- Strafe erzeugt Unsicherheit und kann zu Flucht und Vermeidung führen.
- Wenn die negativen Konsequenzen in körperlichen Strafen bestehen, werden Kinder gedemütigt und lernen modellhaft von ihren Eltern, dass aggressives körperliches Verhalten als Möglichkeit der Durchsetzung eigener Vorstellungen legitim und erfolgreich ist. Körperliche Gewalt wird dann als *das* Mittel zur Durchsetzung bei Konflikten angesehen.

Trotzdem gibt es Situationen, in denen Strafen unerlässlich und sinnvoll sein können: Dann nämlich, wenn das kindliche Verhalten sofort unterbrochen und gehemmt werden muss, weil das Kind sich selbst und/oder andere gefährdet, z. B. bei einer roten Ampel, und keine anderen Mittel zur Verfügung stehen.

Welche Möglichkeiten haben Sie darüber hinaus?

Natürliche Konsequenzen
Ihr Kind soll die „natürlichen", sich notwendigerweise aus seinem Verhalten ergebenden Konsequenzen tragen. Hierbei ist es nicht Ziel, sein Verhalten zu verhindern, sondern ihm soll

die Einsicht vermittelt werden, dass sein spezifisches Verhalten unangenehme, nachteilige natürliche Konsequenzen nach sich zieht. Ihr Kind soll erkennen, dass sein Verhalten natürliche negative Folgen hat: Wenn beispielsweise Karin beim Erledigen der Hausaufgaben trödelt, muss sie länger sitzen bleiben bis sie fertig ist. Auf keinen Fall sollten Sie ihr Trödeln durch Helfen verstärken. Diese Strategie eignet sich für Kinder ab ca. 4 Jahren.

Wiedergutmachung
Als eine Form der natürlichen Konsequenzen kann Ihr Kind den Schaden, den es mit seinem Verhalten angerichtet hat, in einer angemessenen Form beheben. Hat Karin in ihrer Wut Geschirr zerdeppert, muss sie einen Teil ihres Taschengeldes abgeben, um das neue Geschirr zu bezahlen. Diese Strategie hat den Vorteil, dass auch Karins Schuldgefühle ausgeglichen werden.

Erwünschtes Verhalten unterstützen und unerwünschtes Verhalten nicht beachten
Statt Ihr Kind zu bestrafen, wenn es das unerwünschte Verhalten zeigt, z. B. die Hausaufgaben nicht macht, erhält es eine positive Verstärkung, wenn es das erwünschte Verhalten zeigt, also wenn die Aufgaben erledigt sind. Sie sollten das Kind „belohnen", wenn es seine Hausaufgaben erledigt hat, während sie Ihrem Kind keine Beachtung schenken sollten, wenn es seine Hausaufgaben nicht macht.

Bei der Verstärkung des erwünschten Verhaltens sollten Sie folgendes beachten:

- Nachdem das erwünschte Verhalten zu Beginn konsequent, d. h. jedes Mal verstärkt wird, sollte es nach einiger Zeit nur noch gelegentlich verstärkt werden. Untersuchungen haben gezeigt, dass das erwünschte Verhalten auf diese Weise dauerhafter in das kindliche Verhaltensrepertoire integriert wird.
- Wenn anfangs materielle Verstärker gewählt wurden, sollen diese im Laufe der Zeit durch soziale ersetzt werden.

Für unser Beispiel wäre folgendes Vorgehen möglich: Sie ersetzen das Taschengeld für Karin durch eine Prämie, die sie sich durch die Erledigung der Hausaufgaben verdienen kann. Zusätzlich können Sie dieses gewünschte Verhalten gleichzeitig auch mit sozialem Verhalten, wie Lob und Anerkennung, verstärken. Mit der Zeit, wenn Karin gelernt hat, ihre Hausaufgaben zu machen, können die Belohnungen langsam abgebaut und nur noch gelegentlich gegeben oder durch andere ersetzt werden, beispielsweise durch einen gemeinsamen Ausflug in das Schwimmbad, wenn sie die ganze Woche über ihre Hausaufgaben gemacht hat.

Bedenken Sie, dass gelegentlicher Streit mit Ihrem Kind normal ist. Wenn Sie bestimmt auftreten und die Grenzen rechtzeitig ziehen, werden Sie nur selten zur Strafe greifen müssen. Die partnerschaftliche FAUSTLOSE Konfliktlösung, bei der beide Parteien das Gefühl haben, gerecht behandelt zu werden, sollte Ihr Erziehungsziel bleiben.

Vertiefte Elternarbeit

Zum Schluss dieses Kapitels noch drei Empfehlungen:

1. Zum Besprechen von Regeln und Aufgaben, aber auch zur Gestaltung des Familienlebens hat sich die Einrichtung einer regelmäßig stattfindenden Familienkonferenz oder eines Familienrats bewährt. Mit Hilfe eines solchen Konzepts können Familien lernen, gemeinsam und offen über wichtige Angelegenheiten in der Familie zu reden und zu beraten. Ziel ist es, dafür einen geschützten Rahmen gegenseitiger Anerkennung und Gleichwertigkeit zu schaffen. Denn erst dieser ermöglicht, gemeinsam nach einer kooperativen Lösung zu streben, die für alle Beteiligten akzeptabel ist. So kann ein Familienrat die Kooperation und das Gefühl der Verpflichtung gegenüber den gemeinsam festgelegten Zielen und Aufgaben fördern. Hinweise zur Durchführung eines solchen Familienrats finden sich im Buch von R. Dreikurs u. a. oder

im Elternmanual, 5. Sitzung, im Buch von M. Cierpka „Kinder mit aggressivem Verhalten".

2. Wenn Sie als Eltern den Eindruck haben, dass Sie noch mehr für ihre Erziehungspraxis tun sollten, können sie sich überlegen, an einer sog. „Elternschule" teilzunehmen. Zusammen mit anderen Eltern können sie dann über eine Reihe von Abenden ein Programm absolvieren. In Deutschland haben sich insbesondere zwei „Elternschulen" für Eltern mit Kindern ab 3 Jahren durchgesetzt.
Der Deutsche Kinderschutzbund bietet landesweit sein Programm „Starke Eltern – starke Kinder" an. Dies ist ein Elternkurs, in dem Eltern erfahren, wie sie ihre Erziehungsfunktion und Verantwortung gemeinsam übernehmen können und wie sie ihre positive elterliche Autorität durchaus ausüben dürfen, ohne auf körperliche Bestrafungen, auf seelische Verletzungen oder auf sonst entwürdigende Erziehungsmaßnahmen zurückgreifen zu müssen. Die 12 Abende zur „angeleiteten Erziehung" setzen an der Selbstreflexion der Eltern an, beinhalten aber auch konkrete Schritte zur Umsetzung der Erziehungsziele. Die Kurse werden von zertifizierten TrainerInnen geleitet. Informationen erhalten Sie über die Landesverbände des Deutschen Kinderschutzbundes oder auch über die Stiftung „Bündnis für Kinder gegen Gewalt" (www.buendnis-fuer-kinder.de), die die Initiative unterstützt.
Die „Elternschule" Triple P (Positive Parenting Program) bietet Eltern praktische Hilfen und Unterstützung bei der Kindererziehung an. Das Programm ist stärker am Verhalten der Kinder und Eltern ausgerichtet. In Australien wurde von der Arbeitsgruppe um M. Sanders dieses mehrstufige präventive Programm zur positiven Erziehung entwickelt. Ziel ist es, den häufigen Teufelskreis von Verhaltensproblemen der Kinder, Erziehungsinkompetenz und Hilflosigkeit der Eltern und weiteren Familienproblemen vorzubeugen bzw. ihn zu durchbrechen.

Die folgenden fünf Aspekte bilden die Grundlage der Positiven Erziehung:
- Für eine sichere und interessante Umgebung sorgen
- Eine positive und anregende Lernatmosphäre schaffen
- Sich konsequent verhalten
- Nicht zuviel von sich und den Kindern erwarten
- Auch die eigenen Bedürfnisse beachten

Triple P umfasst fünf Interventionsstufen mit steigendem Intensitätsgrad, da Eltern häufig nicht in allen Bereichen Defizite aufweisen und deshalb spezifische, auf die jeweiligen Bedürfnisse zugeschnittene Interventionen nötig sind.

Im deutschen Sprachraum wurde das Programm von Kurt Hahlweg und Mitarbeitern eingeführt. Es wird an vielen Orten inzwischen durch zertifizierte Trainerinnen und Trainer angeboten. Es lohnt sich, entweder bei der lokalen Erziehungsberatungsstelle nachzufragen oder über die Homepage www.triplep.de Kontakt aufzunehmen.

3. Wenn es in Ihrer Familie häufiger Streit gibt und Ihnen die Ursachen mehr oder weniger verborgen bleiben, kann dies auch mit Ihren persönlichen Belastungen zusammenhängen. Möglicherweise ist Ihre eigene Lebens-, Partnerschafts- oder Familiensituation gerade schwierig oder Sie ahnen, dass sich Ihre Konflikte, die Sie vielleicht mit Ihren eigenen Eltern haben oder hatten, in die Beziehung zu Ihrem Kind eingeschlichen haben. Wenn Sie also meinen, dass Sie selbst ein Problem haben, das immer wieder zu spannungsvollen Auseinandersetzungen in Ihrer Familie führt, sollten Sie nicht zögern und sich professionelle Beratung holen. Dies gilt natürlich auch, wenn Sie meinen, dass Ihr Partner/Ihre Partnerin ein Problem hat. Eine „Elternschule" ist keine therapeutische sondern eine vorbeugende Maßnahme. Wenden Sie sich in einem solchen Fall entweder an die Erziehungsberatungsstellen an Ihrem Ort oder an die niedergelassenen Psychotherapeuten bzw. Kinder- und Jugendlichenpsychotherapeuten.

Kapitel 10

Was man noch über FAUSTLOS wissen sollte

Eltern und Lehrkräfte – ein gutes Team

Ein altes afrikanisches Sprichwort lautet, dass es ein ganzes Dorf braucht, um ein Kind zu erziehen. Damit wird zum Ausdruck gebracht, dass nicht nur die Eltern, sondern viele Menschen an der Erziehung der Kinder beteiligt sind. Erzieherinnen und Lehrerinnen gehören ohne Zweifel zu den wichtigen Miterziehern. Im Jugendlichenalter gewinnt die Gruppe der Gleichaltrigen Einfluss. Bei der sozialen Prävention übernehmen die Miterzieher eine wichtige Aufgabe, weil sie die Kompetenzen der Kinder in den unterschiedlichen Beziehungskontexten fördern können. Wenn ein Kind in seiner Familie keine ausreichende Förderung erhält, kann dies durch die Miterzieher kompensiert werden.

Mit FAUSTLOS wird das sozial-emotionale Lernen der Kinder gefördert. Wenn die Kinder im Kindergarten bzw. in der Schule das Projekt durchführen und die Eltern dies zu Hause unterstützen, ist der Effekt natürlich größer. Kinder werden dann in den für sie wichtigsten Beziehungskontexten von ihren Vorbildern gefördert. Eltern und Lehrkräfte ziehen an einem Strang, so dass sich für die Kinder große Übereinstimmungen in den Erziehungszielen ergeben. FAUSTLOS trägt so auch zur Kooperation zwischen Elternschaft und Schule bei. Der Aufbau von Kooperationsbeziehungen zwischen verschiedenen Institutionen ist umso sinnvoller, wenn Kinder schwieriges oder aggressives Verhalten kontextübergreifend und situationsübergreifend (z. B. in der Schule und auch zu Hause) zeigen und/oder das aggressive Verhalten eines Kindes zur Überlastung und Überforderung in einem Bereich führt. Falls sich z. B. eine Lehrerin nicht mehr in der Lage sieht, mit dem aggressiven Verhalten eines ihrer Schüler fertig zu werden, können Absprachen und Verabredungen in gemeinsamen Gesprächen mit den Eltern dieses Schülers eine hilfreiche Unterstützung sein. Eltern und die Lehrkräfte im Kindergarten bzw. in der Schule sollten im Interesse für das Kind ein gutes Team bilden.

Wie trägt FAUSTLOS zur Kooperation zwischen Eltern und Lehrkräften bei?

Vor der Einführung von FAUSTLOS in einen Kindergarten oder in eine Schule hat es sich bewährt, das Programm an einem Elternabend vorzustellen. Sie können die Grundzüge des Curriculums vorstellen und die Praxis anhand einer Lektion illustrieren. Den Eltern fällt es dann leichter, sich vorzustellen, was auf ihre Kinder zukommt. In der Grundschule wird sicher auch gefragt werden, in welchen Unterrichtsstunden FAUSTLOS unterrichtet werden wird. Dies ist im Allgemeinen kein Problem, weil in der Grundschule die Lerninhalte noch nicht so eindeutig an die Stunden gebunden sind. Als Lehrerin können Sie darauf hinweisen, dass FAUSTLOS zur Förderung des sozial-emotionalen Lernens vom Kultusministerium, z. B. in Baden-Württemberg, allen Schulrektoren empfohlen wurde und alle Schulämter darüber informiert sind.

Auf diesem Elternabend sollten sie darauf hinweisen, dass die Eltern regelmäßig Informationen über FAUSTLOS erhalten werden, und dass das Programm umso effektiver ist, je mehr sich auch die Eltern mit seinen Inhalten beschäftigen und die einzelnen Einheiten in ihr Erziehungskonzept aufnehmen. Als Lehrkraft können Sie auf dieses Buch hinweisen.

Bevor mit dem FAUSTLOS-Programm begonnen wird, sollte ein Einführungsbrief verschickt werden, da zu den Elternabenden erfahrungsgemäß nicht alle Eltern kommen. Vor der Durchführung der jeweiligen Einheit sollten die Eltern informiert werden und ihnen das Ziel der anstehenden Einheit beschrieben werden. Als Erzieherin bzw. Lehrerin sollten Sie darauf hinweisen, dass es sicherlich hilfreich wäre, wenn in einer Zwei-Eltern-Familie beide Eltern die Informationsbriefe und dieses Buch lesen würden.

Durch eine gute Kooperation zwischen Eltern und Kindergarten bzw. Schule kann es gelingen, eine FAUSTLOS-Kultur für die Kinder zu etablieren. Diese wird natürlich noch stärker gefestigt, wenn bereits im Kindergarten FAUSTLOS gelehrt wurde und dies dann in der Grundschule fortgesetzt wird. Das FAUSTLOS-Team bemüht sich zur Zeit, ein Curriculum für die Sekundarstufe aufzulegen mit dem Ziel, Kinder ab 10 Jahren im sozial-emotionalen Lernen zu unterrichten.

Das Training der Erzieherinnen bzw. Lehrerinnen

FAUSTLOS ist effektiver, wenn Erzieherinnen und Lehrerinnen vor der Einführung darin trainiert werden, wie sie den Kindern die Inhalte des Programms wirkungsvoll vermitteln können. Inhalte eines solchen eintägigen Trainings sind: Informationen über Verhaltensprobleme von Kindern und deren Hintergründe, Einführung in die theoretischen Grundlagen von FAUSTLOS, Einüben der Vorgehensweisen und Unterrichtsstrategien des Curriculums: Bildmaterialien, Rollenspiele, Übertragung des Gelernten etc. Neben der theoretischen Vermittlung und der Diskussion steht die praktische Erprobung im Vordergrund. In Kleingruppen üben die Erzieherinnen und Lehrerinnen den Umgang mit dem Bildmaterial, indem sie sich gegenseitig unterrichten, die jeweils vorgesehenen Geschichten erzählen und Rollenspiele durchführen. Dabei sollen sie insbesondere eine neutrale Haltung beim Brainstorming der Lösungen und bei der Problembeschreibung, das Anleiten und Erleichtern von Rollenspielen und die Übertragung des Gelernten trainieren.

Zu diesem Training erhalten Erzieherinnen und Lehrerinnen die Bildmaterialien und ein Handbuch, in denen alle Informationen schriftlich zusammengefasst sind. Meistens stehen diese Materialien jedoch schon vor dem Training in der jeweiligen Institution zur Verfügung, so dass sich die Interessierten schon vor dem Training damit beschäftigen können. Wenn die Inhalte des Curriculums schon vor dem Training bekannt sind, können sich die Trainer mehr auf die übenden Anteile konzentrieren, die den meisten Lehrkräften weniger vertraut sind.

Nachdem einige Erfahrungen bei der Durchführung gesammelt wurden, ist ein kollegialer Erfahrungsaustausch hilfreich, um Fortschritte, offene Fragen und Probleme diskutieren zu können. Während des ersten halben Jahres hat sich eine Supervisionsgruppe bewährt. Hier kann besprochen werden, welche Fortschritte, Erfolge, Schwierigkeiten und Probleme es beim Unterrichten von FAUSTLOS gibt, welche Lösungsmöglichkeiten es geben könnte. Auch Kritik und Veränderungsvorschläge sollen in diesem Rahmen diskutiert werden, um sie ggf. in einer Überarbeitung des Curriculums berücksichtigen zu können. Die Lehrkräfte sind die Experten für die Kinder, das FAUSTLOS-Team sieht sich in der Moderatorenrolle.

Wo können Sie sich über FAUSTLOS informieren?

Broschüren, Flyer, wissenschaftliche Artikel und alle Informationen erhalten Sie über das Heidelberger Präventionszentrum, Geschäftsführer: Dr. Andreas Schick und Axel Dewald, Keplerstraße 1, 69120 Heidelberg, Tel. 0 62 21–9 14; oder per E-mail: a.schick@faustlos.de bzw. a.dewald@faustlos.de

Aktuelle Informationen können Sie der Internet-homepage entnehmen: www.faustlos.de. Einen kurzen Videofilm können Sie sich über die homepage des „Bündnisses für Kinder" www.buendnis-fuer-kinder.de herunterladen. Der Download steht Ihnen dort auf der „FAUSTLOS-Seite" zur Verfügung.

Das unabhängige Heidelberger Präventionszentrum (HPZ) wurde gegründet, um alles, was mit der Umsetzung von FAUSTLOS zusammenhängt, zu organisieren. Das HPZ erhält von keiner staatlichen oder privaten Institution Gelder. Die Finanzierung der Stellen trägt sich allein durch die Trainings, die vom

Heidelberger Präventionszentrum für Erzieherinnen/Erzieher und Lehrerinnen/Lehrer angeboten werden. Die Abgabe des Curriculums ist gebunden an entweder – den Nachweis über eine FAUSTLOS-Schulung durch das Heidelberger Präventionszentrum oder – die gleichzeitige Bestellung einer Schulung (für mindestens 2 Personen) mit den FAUSTLOS-Materialien.

Zum Kauf der Materialien (FAUSTLOS-Koffer) und zur Bezahlung des Trainings der Lehrkräfte sind die Kindergärten und Schulen oft auf finanzielle Unterstützung angewiesen. Über die Möglichkeiten zur Unterstützung unterrichtet Sie gerne das Heidelberger Präventionszentrum oder das „Bündnis für Kinder gegen Gewalt", das ein Patenschaftsmodell für Sponsoren aufgelegt hat. Wenn Sie sich als Sponsor finanziell beteiligen möchten, wenden Sie sich bitte über die Homepage an das „Bündnis" www.buendnis-fuer-kinder.de. Wenn Sie die weitere Entwicklung von FAUSTLOS (Elternschulen, Sekundarstufe) finanziell unterstützen wollen, können Sie sich natürlich auch direkt an das Heidelberger Präventionszentrum wenden.

Welches Vorgehen hat sich bei der Einführung von FAUSTLOS bewährt?

Sie haben sich die notwendigen Informationen über FAUSTLOS beschafft und sich auch Überlegungen zur Finanzierung gemacht. Außerdem tragen Sie sich mit dem Gedanken, ein Training zu absolvieren.

Vor der Einführung von FAUSTLOS im Kindergarten oder in der Schule sollte geklärt werden, wer, wann und wo etwas macht. Im Kindergarten wird die Implementierung von einer Erzieherin übernommen werden. Die erstmalige Einführung von FAUSTLOS in der Grundschule sollte durch die Klassenlehrerinnen erfolgen. Dieses Vorgehen hat mehrere Vorteile: Klassenlehrerinnen sind in der Regel am häufigsten in der Klasse präsent und können deshalb am besten für die Übertragung des Gelernten – ein Hauptziel des Curriculums – sorgen. Durch den engen und regelmäßigen Kontakt zur Klassenlehrerin können sich die Schüler und Schülerinnen zudem jederzeit an sie wenden, wenn im Laufe des Curriculums Fragen auftauchen, und der Unterricht durch die Klassenlehrerin stellt auch sicher, dass alle Schüler und Schülerinnen einer Klasse an den Lektionen teilnehmen, was zu neuen Verhaltensnormen in der Klasse und im gesamten schulischen Lebensraum beiträgt.

Im Kindergarten sind die Erzieherinnen in der Regel für alle Kinder präsent. Wenn der Kindergarten in mehrere Gruppen von Kindern untergliedert ist, die jeweils von einer Erzieherin betreut werden, ist es empfehlenswert, dass alle Gruppenleiterinnen FAUSTLOS vermitteln, damit der Kindergarten ein einheitliches Konzept vertritt.

Diese übergreifende Strategie gilt auch für die Grundschule. Am wirkungsvollsten ist es, wenn die Schülerinnen und Schüler das Programm in jeder Klassenstufe vermittelt bekommen und das gesamte Kollegium trainiert wird, denn Verhaltensänderungen brauchen Zeit. Das Programm ist daher am erfolgreichsten, wenn es kontinuierlich während der gesamten Grundschulzeit eingesetzt wird. Des weiteren wird das Gelernte eher von den Schülern und Schülerinnen angewendet, wenn es ihnen bei allen in der Schule tätigen Personen begegnet, d.h. im Gespräch mit der Schulleiterin, mit der Beratungslehrerin, bei der Buchausleihe, der Pausenaufsicht, dem Hausmeister usw. Wenn FAUSTLOS nicht in der ganzen Schule eingeführt werden kann, ist es hilfreich, wenn wenigstens zwei Lehrerinnen in einer Schule damit arbeiten, so dass sie Beobachtungen vergleichen, Fortschritte diskutieren, evtl. gegenseitig Stunden beobachten und sich Feedback geben können. Wenn etwa Lehrerinnen Freistunden erübrigen können oder Referendarinnen im Unterricht hospitieren, bietet FAUSTLOS eine ausgezeichnete Möglichkeit für gemeinsames Unterrichten.

Beratungslehrerinnen, Fachleiterinnen u. a. können bei der Einführung des Programms behilflich sein. Sie könnten die Planung des Trainings, die Organisation von Diskussionsgruppen für Lehrerinnen, das Demonstrieren und Beobachten der Lektionen, das Geben von Feedback und die Arbeit mit risikobelasteten Kindern in Sondergruppen übernehmen. Die Arbeit mit risikobelasteten Kindern in zusätzlichen Förderstunden bietet diesen die Möglichkeit, mehr Zeit für Übungen und Rollenspiele zu haben. Die Lehrerin kann mit ihnen gründlicher und ausführlicher besprechen, wie sie das Gelernte in Konfliktsituationen anwenden können. Allerdings sollte FAUSTLOS nur in Ausnahmefällen in Sondergruppen durchgeführt werden. Viel wirksamer ist es, wenn alle Schüler und Schülerinnen die Strategien lernen und anwenden, so dass prosoziales Verhalten zur Norm werden kann. Darüber hinaus werden sich die risikobelasteten Schüler und Schülerinnen dann nicht isoliert oder stigmatisiert fühlen. Wenn eine Schule oder ein Kindergarten bzw. ein bestimmter Regierungsbezirk das Curriculum zum ersten Mal durchführt, bietet sich eine Evaluation dieser Pilotphase an, um den Erfolg bei der Vermittlung von Fähigkeiten zur Gewaltprävention zu messen.

Jetzt kann es losgehen. Wir wünschen Ihnen viel Freude mit FAUSTLOS!

Weiterführende Literatur

Biddulph, Steve (1999). Das Geheimnis glücklicher Kinder. Taschen BuchBeust, München.

Cierpka, M. (Hrsg.) (1999). Kinder mit aggressivem Verhalten. Ein Praxismanual für Schulen, Kindergärten und Beratungsstellen. Göttingen: Hogrefe.

Dreikurs, R., Gould, S. & Corsini, R. J. (1977). Familienrat: Der Weg zu einem glücklicheren Zusammenleben von Eltern und Kindern. Stuttgart: Ernst Klett Verlag.

Gordon, T. (1989). Familienkonferenz: Die Lösung von Konflikten zwischen Eltern und Kind (3. ungekürzte Ausgabe). München: Wilhelm Heyne Verlag.

Patterson, G. (1977). Soziales Lernen in der Familie: Psychologische Hilfen für Eltern und Kinder. München: Verlag J. Pfeiffer.

Literatur zu FAUSTLOS

Beland, K. (1988). Second Step. A violence-prevention curriculum. Grades 1–3. Seattle: Committee for Children.

Beland, K. (1991). Second Step. A violence-prevention curriculum. Preschoolkindergarten. Seattle: Committee for Children.

Cierpka, M. (Hrsg.) (2001). FAUSTLOS. Ein Curriculum zur Prävention von aggressivem und gewaltbereitem Verhalten bei Kindern der Klassen 1 bis 3. Göttingen: Hogrefe.

Cierpka, M. (Hrsg.) (2004). FAUSTLOS. Ein Curriculum zur Prävention von aggressivem und gewaltbereitem Verhalten im Kindergarten. Göttingen: Hogrefe.

Cierpka, M. (2002). Zur Entstehung und Verhinderung von Gewalt in Familien. In K. Gebauer & G. Hüther (Hrsg.), Kinder brauchen Wurzeln. Neue Perspektiven für eine gelingende Entwicklung (S. 124–143). Walter-Verlag.

Cierpka, M. (2003). Gewalt in der Schule – nein danke! FAUSTLOS – ein Lernprogramm für Kindergarten und Grundschule. Online Familienhandbuch.

Cierpka, M. (2003). Gewaltprävention durch Förderung sozial-emotionaler Kompetenzen – Das Projekt FAUSTLOS. Forum Public Health, 11 (39), 11–12.

Cierpka, M. (2003). Sozial-emotionales Lernen mit FAUSTLOS. Psychotherapeut, 48 (4), 247–254.

Cierpka, M. (2004). Das Fördern der Empathie bei Kindern mit FAUSTLOS. Gruppendynamik und Organisationsberatung, 35 (1), 37–50.

Frey, K. S., Hirschstein, M. K. & Guzzo, B. A. (2000). Second Step: Preventing aggression by promoting social competence. Journal of Emotional and Behavioral Disorders, 8 (2), 102–112.

Grossman, D. C., Neckerman, H. J., Koepsel, T. D., Liu, P.-Y., Asher, K. N., Beland, K., Frey, K. & Rivara, F. P. (1997). Effectiveness of a violence prevention curriculum among children in elementary school. Journal of the American Medical Association, 277(20), 1605–1611.

Krannich, S., Sanders, M., Ratzke, K., Diepold, B. & Cierpka, M. (1997). FAUSTLOS – Ein Curriculum zur Förderung sozialer Kompetenzen und zur Prävention von aggressivem und gewaltbereitem Verhalten bei Kindern. Praxis der Kinderpsychologie und Kinderpsychiatrie, 3,236–247.

McMahon, S. D., Washburn, J., Felix, E. D., Yakin, J. & Chidrey, G. (2000). Violence prevention: Program effects on urban preschool and kindergarten children. Applied and Preventive Psychology, 9,271–281.

Ott, I. & Schick, A. (2001). FAUSTLOS. Ein Curriculum zur Gewaltprävention an Grundschulen. Schwierige Kinder, 21, 8–12.

Schick, A. (2004). Faustlos durch den Kindergarten. Kindergartenpädagogik – Online-Handbuch-.

Schick, A. (2004). Faustlos – Gewaltprävention durch Förderung sozial-emotionaler Kompetenzen. ajs-informationen, 2(40), 25–26.

Schick, A. & Cierpka, M. (2002). FAUSTLOS – Ein Gewaltpräventions-Curriculum für Grundschulen und Kindergärten – Praktische Anwendung und Effektivität. epd-Dokumentation, 49,66–75.

Schick, A. & Cierpka, M. (2003). Faustlos – Aufbau und Evaluation eines Curriculums zur Förderung sozialer und emotionaler Kompetenzen. In M. Dörr & R. Göppel (Hrsg.), Bildung der Gefühle. Innovation? Illusion? Intrusion? (S. 146–162). Gießen: Psychosozial-Verlag.

Schick, A. & Cierpka, M. (2003). Faustlos: Evaluation eines Curriculums zur Förderung sozial-emotionaler Kompetenzen und zur Gewaltprävention in der Grundschule. Kindheit und Entwicklung, 12,100–110.

Schick, A. & Ott, I. (2002). Gewaltprävention an Schulen – Ansätze und Ergebnisse. Praxis der Kinderpsychologie und Kinderpsychiatrie, 51(10),766–791.